LÍNGUA PORTUGUESA

ENSINO FUNDAMENTAL

Tânia Amaral Oliveira
Elizabeth Gavioli
Cícero de Oliveira
Lucy Araújo

6º ano

1ª EDIÇÃO
SÃO PAULO
2012

Coleção Eu Gosto Mais
Língua Portuguesa – 6º ano
© IBEP, 2012

Diretor superintendente	Jorge Yunes
Gerente editorial	Célia de Assis
Editora	Nina Basílio
Assistentes editoriais	Ana Latgé
	Érika Domingues do Nascimento
	Karina Danza
Revisão	André Tadashi Odashima
	Karina Danza
	Maria Inez de Souza
Coordenadora de arte	Karina Monteiro
Assistentes de arte	Marilia Vilela
	Tomás Troppmair
Coordenadora de iconografia	Maria do Céu Pires Passuello
Assistentes de iconografia	Adriana Correia
	Wilson de Castilho
Ilustrações	Jótah
	Renato Arlem
Produção editorial	Paula Calviello
Produção gráfica	José Antonio Ferraz
Assistente de produção gráfica	Eliane M. M. Ferreira
Capa	Equipe IBEP
Projeto gráfico	Equipe IBEP
Editoração eletrônica	N-Publicações

CIP-BRASIL. CATALOGAÇÃO-NA-FONTE
SINDICATO NACIONAL DOS EDITORES DE LIVROS, RJ

L727

Língua portuguesa : 6º ano / Tania Amaral Oliveira... [et al.]. - 1.ed. - São Paulo : IBEP, 2012.
   il. ; 28 cm   (Eu gosto mais)

ISBN 978-85-342-3404-7 (aluno) - 978-85-342-3408-5 (mestre)

1. Língua portuguesa - Estudo e ensino (Ensino fundamental). I. Oliveira, Tania Amaral. II. Série.

12-5713.   CDD: 372.6
                                      CDU: 373.3.016:811.134.3

13.08.12   20.08.12   038091

1ª edição – São Paulo – 2012
Todos os direitos reservados

Av. Alexandre Mackenzie, 619 – Jaguaré
São Paulo – SP – 05322-000 – Brasil – Tel.: (11) 2799-7799
www.ibep-nacional.com.br   editoras@ibep-nacional.com.br

Impressão Serzegraf - Setembro 2016

Apresentação

Caro aluno e cara aluna,

Não sabemos quem vocês são, mas imaginamos que estejam curiosos para saber o que lhes trazem as páginas deste livro. Por isso adiantamos algumas respostas. Esta obra foi escrita especialmente para você que gosta de fazer descobertas por meio de trabalhos individuais ou em grupo e de se relacionar com as pessoas ao seu redor.

Para vocês que gostam de falar, de trocar ideias, de expor suas opiniões, impressões pessoais, de ler, de criar e escrever, foram preparadas atividades que, certamente, farão com que gostem mais de estudar português. Estão duvidando disso? Aguardem os próximos capítulos e verão que estamos certos.

Este livro traz algumas ferramentas para tornar as aulas bem movimentadas, cheias de surpresas. Vocês terão oportunidade de ler e interpretar textos dos mais variados gêneros: narrativas de ação, de suspense, de ficção científica, causos, mitos e lendas do Brasil e de outras regiões do planeta, textos teatrais, poemas, textos retirados de revistas e jornais, textos instrucionais, histórias em quadrinhos e muito mais.

Mas não estamos rodeados apenas de textos escritos. Vivemos num mundo em que a imagem, o som e a palavra falada ou escrita se juntam para construir atos de comunicação. Por isso, precisamos desvendar o sentido de todas essas linguagens que nos rodeiam para melhor interagir com as pessoas e com o mundo em que vivemos. Assim, descobriremos os múltiplos caminhos para nos comunicar.

Acreditem: vocês têm uma capacidade infinita e, por isso, a responsabilidade de desenvolvê-la. Pesquisem, expressem suas ideias, sentimentos, sensações; registrem suas vivências; construam e reconstruam suas histórias; sonhem, emocionem-se, divirtam--se, leiam por prazer; lutem por seus ideais, aprendendo a defender as suas opiniões oralmente e por escrito. Não sejam espectadores na sala de aula, mas agentes, alunos atuantes. Assim darão mais sentido às atividades escolares, melhorarão seu desempenho nessa área e, com certeza, descobrirão a alegria de aprender.

Um abraço!

Os autores

Sumário

UNIDADE 1
SER E DESCOBRIR-SE 10

Para começo de conversa 11

CAPÍTULO 1
QUEM É VOCÊ? 12

Prática de leitura – Tela 12
Texto 1 – Velázquez, de Rodrigo Cunha 12
    Por dentro do texto 12

Prática de leitura – Romance (fragmento) 14
Texto 2 – O menino no espelho 15
    Por dentro do texto 16

Reflexão sobre o uso da língua 17
    Substantivo 17
    Substantivo próprio e substantivo comum 18
    Aplicando conhecimentos 19

Prática de leitura – Conto (fragmento) 22
Texto 3 – Luxo, lixo; guri, gari... E daí? 22
    Por dentro do texto 23

Reflexão sobre o uso da língua 24
    Substantivos simples e composto. Substantivos primitivo e derivado. Substantivos concreto e abstrato 24
    Aplicando conhecimentos 27
    De olho no vocabulário 29
    Ordem alfabética e estudo de verbete de dicionário 29

Prática de leitura – Ficha-retrato 31
Texto 4 – Eu sou assim... 31
    Por dentro do texto 32

Reflexão sobre o uso da língua 32
    Flexão do substantivo (gênero, número, grau) 32
    Aplicando conhecimentos 34
    De olho no vocabulário 36
    Separação de sílabas 36

Produção de texto 38

Leia mais... 39

Preparando-se para o próximo capítulo 39

CAPÍTULO 2
POETA APRENDIZ 40

Prática de leitura – Conto.. 40
Texto 1 – A incapacidade de ser verdadeiro 40
    Por dentro do texto.. 41
    De olho no vocabulário 42

Prática de leitura – Poema 43
Texto 2 – Identidade 43
    Por dentro do texto.. 43
    Texto e construção 46
    De olho no vocabulário 47
    Aplicando conhecimentos.. 49

Reflexão sobre o uso da língua 51
    Adjetivo... 51
    Aplicando conhecimentos.. 52

Prática de leitura – Poema 55
Texto 3 – O poeta aprendiz.. 55
    Por dentro do texto.. 55
    Texto e construção 56

Reflexão sobre o uso da língua.. 59
    Locução adjetiva... 59
    Aplicando conhecimentos.. 61

Prática de leitura – Crônica 63
    Eterna imprecisão de linguagem 63
    Por dentro do texto.. 64

De olho na escrita 65
    Palavras terminadas em -oso/-osa... 65

Produção de texto 68

Leia mais.. 70

Preparando-se para o próximo capítulo 71

UNIDADE 2
SER E CONVIVER 72

Para começo de conversa.. 73

CAPÍTULO 1
VIVER NA ESCOLA 74

Prática de leitura – Gráfico 74
Texto 1 – Situação alarmante 74
    Por dentro do texto 75

Prática de leitura – Crônica 76
Texto 2 – Na escola 76
    Por dentro do texto 78
    Texto e construção 79
    De olho no vocabulário 80

Reflexão sobre o uso da língua 81
    Variedades linguísticas 81
    Níveis de linguagem: formal e informal 82
    Aplicando conhecimentos 83

De olho na escrita 87
    Por que, porque, por quê, porquê 87

Prática de leitura – Romance (fragmento – I) 88
Texto 3 – Infância 88
    Por dentro do texto 90

Reflexão sobre o uso da língua 91
    Artigo 91
    Aplicando conhecimentos 93

Prática de leitura – Romance (fragmento – II) 95
Texto 4 – Gabriel Ternura 95
    Por dentro do texto 97
    Aplicando conhecimentos 99

Prática de leitura – Relato de memória 100
Texto 5 – Sua presença em minha vida foi fundamental 100
    Por dentro do texto 101

Reflexão sobre o uso da língua 103
    Numeral 103
    Aplicando conhecimentos 105

Produção de texto 108

Leia mais 109

Preparando-se para o próximo capítulo 109

CAPÍTULO 2
EM FAMÍLIA 110

Prática de leitura – Charge 110
Texto 1 – Rede social 110
    Por dentro do texto 111

Prática de leitura – Página de agenda 111
Texto 2 – A agenda de Carol (trecho) 112
    Por dentro do texto 113
    Texto e construção 114

Reflexão sobre o uso da língua 116
    Pronome pessoal e pronome possessivo 116
    Aplicando conhecimentos 120

Prática de leitura – Poema 122
Texto 3 – Um novo pai 122
    Por dentro do texto 123

De olho na escrita 124
    Acentuação das proparoxítonas 124

Produção de texto 126

Leia mais 127

Preparando-se para o próximo capítulo 127

UNIDADE 3
APRENDENDO COM A SABEDORIA POPULAR 128

Para começo de conversa 129

CAPÍTULO 1
HISTÓRIAS DE AMOR E AMIZADE 130

Prática de leitura – Romance (fragmento) 130
Texto 1 – O pequeno príncipe 130
    Por dentro do texto 133
    Texto e construção 135
    Aplicando conhecimentos 136

Reflexão sobre o uso da língua 137
    Pronome pessoal do caso reto e pronome de tratamento 137
    Aplicando conhecimentos 139

Prática de leitura – Conto 141
Texto 2 – Uma lição inesperada 142
    Por dentro do texto 143

Reflexão sobre o uso da língua 144
    Verbo (I) – uso e função 144
    Aplicando conhecimentos 146

Prática de leitura – Verbete 149
Texto 3 – Taj Mahal, um palácio oriental 149
    Por dentro do texto 150
    Texto e construção 152

De olho na escrita 153
    Pontuação 153

  Produção de texto 155

  Leia mais 157

  Preparando-se para o próximo capítulo 157

CAPÍTULO 2
HISTÓRIAS QUE O POVO CONTA 158

  Prática de leitura – Causo 158
  Texto 1 – Num rancho às margens do rio Pardo 159
    Por dentro do texto 160

  Reflexão sobre o uso da língua 161
    Verbo (II) – variação de tempo, pessoa 161
    Aplicando conhecimentos 163

  Prática de leitura – Causo 166
  Texto 2 – O defunto vivo 166
    Por dentro do texto 166

  Reflexão sobre o uso da língua 167
    Verbo (III) – conjugações 167
    Aplicando conhecimentos 168

  De olho na escrita 170
    Acentuação dos monossílabos 170

  Prática de leitura – Causo 173
  Texto 3 – Aquele animal estranho 174
    Por dentro do texto 175
    De olho no vocabulário 175

  Produção de texto 176

  Leia mais 177

  Preparando-se para o próximo capítulo 177

UNIDADE 4
VIVA A NATUREZA! 178

  Para começo de conversa 179

CAPÍTULO 1
HISTÓRIAS QUE ENSINAM 180

  Prática de leitura – Fábula 180
  Texto 1 – A cigarra e as formigas 180
    Por dentro do texto 181

Reflexão sobre o uso da língua 184
    Verbo (IV) – indicativo, subjuntivo e imperativo 184
    Aplicando conhecimentos 184
    Verbo (V) – pretérito perfeito e pretérito imperfeito 187
    Aplicando conhecimentos 189

De olho na escrita 192
    Acentuação das paroxítonas 192

Produção de texto 194

Leia mais 196

Preparando-se para o próximo capítulo 196

CAPÍTULO 2
NATUREZA EM QUADRINHOS 197

Prática de leitura – História em quadrinhos 197
Texto 1 – Calvin e Haroldo 197
    Por dentro do texto 197

Reflexão sobre o uso da língua 198
    Interjeição 198
    Aplicando conhecimentos 199

Prática de leitura – História em quadrinhos 201
Texto 2 – Calvin e Haroldo 201
    Por dentro do texto 201
    Texto e construção 202

Reflexão sobre o uso da língua 202
    Verbo (VI) – futuro do presente e futuro do pretérito 202
    Onomatopeia 204
    Aplicando conhecimentos 208

De olho na escrita 210
    Acentuação das oxítonas 210

Prática de leitura – História em quadrinhos 212
Texto 3 – Papa-Capim e Chico-Bento 212
    Por dentro do texto 213
    Texto e construção 213
    Pronome demonstrativo 214
    Aplicando conhecimentos 215

Produção de texto 218

Leia mais 219

Apêndice 220

Glossário 242

Indicação de leituras complementares 244

Unidade 1

Ser e descobrir-se

Nesta unidade, você estudará:

- **TEXTOS VERBAL E NÃO VERBAL**
- **SUBSTANTIVO**
- **EU POÉTICO**
- **VERSO E ESTROFE**
- **ADJETIVO**
- **SENTIDO LITERAL E SENTIDO FIGURADO**
- **LOCUÇÃO ADJETIVA**

PARA COMEÇO DE CONVERSA

Você já ouviu falar no Menino Maluquinho?

Leia a seguinte **história em quadrinhos** e responda oralmente às questões.

Ziraldo. *As melhores tiradas do Menino Maluquinho*. São Paulo: Melhoramentos, 2000.

1. A personagem principal dessa história vive um conflito. Qual é ele?

2. Ao usar o boné por cima da panela, o que a personagem mostra?

3. No texto, a mãe do Menino Maluquinho dá sua opinião sobre as escolhas do filho.

   a) Leia um trecho do texto em que a mãe dá sua opinião.

   b) De acordo com o que você entendeu do texto, o Menino Maluquinho se deixou influenciar pela opinião da mãe? Por quê?

4. Em sua opinião, Maluquinho gosta de ser quem ele é? Explique sua resposta.

5. Observe com atenção os gestos e as expressões faciais de Maluquinho nos seis primeiros quadrinhos. As expressões faciais e os gestos do garoto combinam com o que ele está dizendo? Explique sua resposta com base no que acontece em um dos quadrinhos.

6. E você, já observou a sua imagem no espelho durante algum tempo? Por que será que muitos adolescentes se preocupam em fazer isso?

Capítulo 1

QUEM É VOCÊ?

PRÁTICA DE LEITURA

Texto 1 – Tela

Antes de ler

1. Para você, o que é uma obra artística? Dê exemplos de obras de arte que você conhece.

2. Você sabe o que é um autorretrato? Sabe o que significa essa palavra?

Por dentro do texto

1. O que você vê na imagem da tela?

2. É possível saber como é a pessoa que está com o suporte de tintas na mão? O que você acha que ela está fazendo?

3. Para você, o que representa a imagem na tela? Expresse sua opinião e procure saber o que pensam seus colegas de turma.

Rodrigo Cunha. *Velázquez, 2000*. 1976.
Acrílica sobre tela, 202 cm x 143 cm.

> **Importante saber**
> **Autorretrato** é o retrato que uma pessoa faz de si mesma em forma de desenho, pintura, gravura ou descrição escrita ou oral.
> Como o autorretrato é a representação que o artista faz de si mesmo, ele registra a seu modo como se vê ou como gostaria de ser visto.

4 É possível afirmar que essa tela é um autorretrato? Por quê?

___

___

5 Pela imagem, podemos deduzir se o artista está sério ou bem à vontade, se é jovem, triste, calmo etc.? Que expressões ele transmite?

___

___

___

6 Na imagem, há elementos estáticos, parados, e elementos que revelam movimento, atividade. Quais são?

___

___

7 O artista se preocupou em apenas retratar a sua imagem na tela? Ou ele quis mostrar o ambiente em que se encontra?

___

___

8 Para responder às questões seguintes, releia as informações apresentadas na legenda e no crédito da tela.

a) O primeiro nome que aparece refere-se ao pintor da tela. Copie-o.

___

b) Qual é o título da obra de arte?

___

c) A expressão **acrílica sobre tela** traz uma informação sobre a pintura. Qual?

___

___

d) Você sabe em que lugares costumam ser expostas as telas dos pintores?

e) Pelas informações, a tela está exposta em algum desses lugares? A quem pertence essa obra?

> **Importante saber**
> Você observou que o texto "O Menino Maluquinho" e o texto 1 foram nomeados, respectivamente, de **história em quadrinhos** e **tela**?
> "O Menino Maluquinho" apresenta **imagens e palavras**. Já o texto 1 não apresenta palavras, só **imagem**. Embora eles sejam diferentes, foi possível interpretar o que cada um deles quis transmitir. Por esse motivo, podemos dizer que fizemos uma leitura da história em quadrinhos e também da tela.
> Quando um texto possui imagens e não possui palavras, dizemos que ele é um **texto não verbal** ou visual. Quando possui apenas palavras, é chamado **texto verbal**.
> O texto composto de imagens e palavras ao mesmo tempo é chamado **verbal e não verbal** ou icônico-verbal.

9 Responda.

a) Dos textos já lidos nesta unidade, qual é apenas visual?

b) Qual é o texto verbal e não verbal lido?

PRÁTICA DE LEITURA

Texto 2 – Romance (fragmento)

Antes de ler

1. Observe as características do próximo texto. Ele é um texto verbal, visual ou ambos? Explique.

2. Leia apenas o título do próximo texto e faça sua hipótese: de que assunto a história vai tratar? Que personagens você supõe que ela irá apresentar?

O menino no espelho

Levantava a perna, e ele levantava também, ao mesmo tempo. Abria os braços e ele fazia o mesmo. Coçava a orelha, e ele também.

Mas o que mais me intrigava era a única diferença entre nós dois. Sim, porque um dia descobri, com pasmo, que, enquanto eu levantava a perna esquerda, ele levantava a direita; enquanto eu coçava a orelha direita, ele coçava a esquerda. Reparando bem, descobria outras diferenças. O escudo da escola, por exemplo, que eu trazia colado no bolsinho esquerdo do uniforme, na blusa dele era no direito.

Para testar, coloco a mão direita espalmada sobre o espelho. Como era de se esperar, ele ao mesmo tempo vem com a sua mão esquerda, encostando-a na minha. Sorrio para ele e ele para mim. Mais do que nunca me vem a sensação de que é alguém idêntico a mim que está ali dentro do espelho, se divertindo em me imitar. Chego a ter a impressão de sentir o calor da palma da mão dele contra a minha. Fico sério, a imaginar o que aconteceria se isso fosse verdade. Quando volto a olhá-lo no rosto, vejo assombrado que ele continua a sorrir. Como, se agora estou absolutamente sério?

Um calafrio me corre pela espinha, arrepiando a pele: há alguém vivo dentro do espelho! Um outro eu, o meu duplo, realmente existe! Não é imaginação, pois ele ainda está sorrindo, e sinto o contato de sua mão na minha, seus dedos aos poucos entrelaçarem os meus.

Puxo a mão com cuidado, descolando-a do espelho. Em vez da outra mão se afastar, ela vem para fora, presa à minha. Afasto-me um passo, sempre a puxar a figura do espelho, até que ela se destaque de todo, já dentro do meu quarto, e fique à minha frente, palpável, de carne e osso, como outro menino exatamente igual a mim.

— Você também se chama Fernando? – pergunto, mal conseguindo acreditar nos meus olhos.

— Odnanref – responde ele, e era como se eu próprio tivesse falado: sua voz era igual à minha.

— Odnanref?

— Sim, Odnanref. Fernando de trás para diante.

Fernando Sabino. *O menino no espelho*. 44. ed. Rio de Janeiro: Record, 2004.

Por dentro do texto

1 O que o menino vê no espelho?

2 É normal que um espelho reflita imagens invertidas?

3 Um dos parágrafos do texto revela que o espelho reflete a imagem de maneira invertida. Localize esse parágrafo e transcreva dele um trecho que comprove essa afirmação.

4 Releia o trecho a seguir.

> "Quando volto a olhá-lo no rosto, vejo assombrado que ele continua a sorrir. Como, se agora estou absolutamente sério?"

a) O que foi narrado no trecho acima acontece normalmente, ou seja, quando alguém está sério diante do espelho o reflexo mostra esse alguém sorrindo?

b) Esse fato surpreende o menino? Por quê?

c) Transcreva do texto um trecho que mostre o estranhamento do menino diante do outro que está dentro do espelho.

5 No texto, o fato de a imagem do espelho ser a sua própria, mas agir de outra maneira, possibilita uma relação entre o menino e o outro que está dentro do espelho?

6 Mesmo agindo de maneira diferente, o outro que está dentro do espelho é o próprio menino. Na vida real, não é possível conversarmos conosco da maneira como o texto propõe. Nessa história, porém, o menino pode fazer isso.

a) O texto narra um fato que pode acontecer na realidade ou é uma ficção, criada a partir da imaginação do autor?

_____

_____

b) Assinale a afirmativa que responde à seguinte questão: qual foi a intenção do texto ao dar à personagem uma possibilidade que não existe na vida real?

☐ Mostrar que todo o mundo pode conversar consigo mesmo no espelho.

☐ Mostrar que é possível que alguém se veja de uma maneira diferente.

☐ Revelar que as coisas são vistas sempre do mesmo jeito.

REFLEXÃO SOBRE O USO DA LÍNGUA

Substantivo

1 Leia o trecho a seguir, extraído do texto.

> "Levantava a perna, e ele levantava também, ao mesmo tempo. Abria os braços e ele fazia o mesmo. Coçava a orelha, e ele também.
>
> Mas o que mais me intrigava era a única diferença entre nós dois. Sim, porque um dia descobri, com pasmo, que, enquanto eu levantava a perna esquerda, ele levantava a direita; enquanto eu coçava a orelha direita, ele coçava a esquerda."

a) Agora releia apenas o trecho em destaque e responda: que partes do corpo do menino são citadas nesse parágrafo?

_____

b) As palavras que você citou na questão anterior (item a) são nomes ou ações?

_____

2 Localize no texto:

a) As palavras que dão nome aos elementos do corpo do menino.

_____

_____

17

b) A palavra que dá nome ao menino que está diante do espelho.

_____

c) As palavras que dão nome ao que faz parte da blusa do menino.

_____

d) A palavra que dá nome ao local da casa onde o menino está.

_____

e) Seria possível compreender o texto sem as palavras que você anotou? Por quê?

_____

_____

> **Importante saber**
> A palavra que dá nome a algo ou a alguém é chamada **substantivo**. O substantivo nomeia pessoas, animais, ações, sensações, sentimentos, ideias, desejos etc.

Substantivo próprio e substantivo comum

Há substantivos que dão nome a seres ou coisas que são identificados por traços de semelhança. Por exemplo, quando dizemos **gato**, estamos nos referindo a um animal mamífero, que tem pelos, bigode, rabo, quatro patas, além de outros traços que o diferenciam de outro animal. Todos os gatos poderão ser identificados por essa palavra. Mas, se alguém quiser diferenciar o seu gato de um outro gato, dará a ele um nome próprio. Veja como a mãe de Franjinha se refere a ele e ao seu cachorro, Bidu.

Nesse caso, a mãe do menino se referiu a ele pelo seu nome próprio: **Franjinha**. Mas, ao se referir ao **Bidu**, usou o seu nome comum: **cachorro**.

Veja, na tira a seguir, os nomes Bidu e Floquinho.

Nessa tira foram usados os nomes próprios **Bidu** e **Floquinho** para identificar os dois cachorros e diferenciá-los de outros cachorros. Da mesma forma, na tira anterior, foi usado o nome **Franjinha** para identificar um menino entre outros meninos.

> **Importante saber**
>
> As palavras **Bidu**, **Floquinho** e **Franjinha** são **substantivos próprios**. As palavras **cachorro** e **menino** são **substantivos comuns**.
>
> Para escrever nomes próprios, como Bidu, Floquinho e Franjinha, usamos letra maiúscula no início das palavras. Veja mais exemplos sobre esse assunto consultando o Apêndice deste livro.

Aplicando conhecimentos

1 Observe o trecho a seguir.

> "– Você também se chama **Fernando**? – pergunto, mal conseguindo acreditar nos meus olhos."

A palavra em destaque é um nome de pessoa. Como você já sabe, ela faz parte de um grupo de palavras que recebem o nome de substantivo.

- Observe mais um trecho.

> "Um **calafrio** me corre pela espinha, arrepiando a pele: há alguém vivo dentro do espelho! Um outro eu, o meu duplo, realmente existe! Não é **imaginação**, pois ele ainda está sorrindo, e sinto o contato de sua mão na minha, seus dedos aos poucos entrelaçarem os meus."

a) As palavras em destaque no trecho acima também são substantivos? Por quê?

_____

b) Classifique as palavras destacadas no primeiro e no segundo trechos.

_____
_____

2 Leia a seguinte tira de Angeli.

CHICLETE COM BANANA - *Angeli*

Angeli. *Chiclete com banana*. Folha de S.Paulo, 22 jul. 2005.

19

a) Copie da tira todos os substantivos próprios.

b) Copie todos os substantivos comuns.

c) Por que os substantivos próprios são importantes nesse texto?

d) E os comuns, por que são importantes?

e) Que substantivos da tira você copiou com letra maiúscula no início? E com letra minúscula? Justifique por que você usou letra maiúscula ou minúscula para escrever esses substantivos.

3. Escreva o nome e a profissão de cinco pessoas que você conhece. Depois, grife os substantivos próprios e circule os substantivos comuns. Em seguida, confira se usou letras maiúsculas e minúsculas de maneira adequada.

4 Leia o breve relato de um aluno do 6º ano. Em algumas palavras do texto falta a primeira letra. Complete essas palavras usando letra maiúscula ou minúscula.

Esta é a minha vida

Meu nome é _____leyson. Eu tenho 13 anos e estou no 6º ano. Faço muitas coisas que qualquer um não pode fazer: montar a _____avalo, jogar _____ola, soltar pipa, jogar bolinha de gude.

Nasci no _____ordeste, no _____iauí, por isso tenho este apelido — _____iauí — entre meus colegas.

_____u não tinha condições de morar lá, por causa da _____eca. Então, o meu pai pensou em vir para _____ão _____aulo e aqui ele conseguiu um emprego. _____gora, nós não estamos passando mais aquele mesmo sufoco que passávamos lá.

Eu me divirto como qualquer outra criança. _____rinco e faço coisas como as outras. Leio gibis, a Bíblia e as _____endas do folclore.

Esse sou eu...

Gleyson Willians da Silva Soares. 6º B. EMEF Antenor Nascentes, São Paulo/SP.

Agora, escreva uma explicação que justifique o uso da letra maiúscula nas palavras em que você a empregou.

_____
_____
_____

5 Nas frases a seguir, algumas das palavras em destaque devem ser grafadas com maiúscula, outras não. Copie a frase em que é necessário fazer essa adequação, corrigindo-a.

a) Minha irmã vai começar a ir à **escola** esta semana.
   Eu estudo na **escola** Técnica Professor Jorge Luís.

_____

b) O **rio** subiu muito com as fortes chuvas do mês de janeiro.
   A cidade do **rio** de Janeiro sediará o evento.

_____

c) Estou feliz por poder contar com a sua **companhia**.
   A **companhia** Clóvis Soares ganhou a concorrência.

_____

Camila Scavazza

21

d) A cozinheira limpou os **camarões** para preparar o acarajé.
O resultado da partida Brasil X **camarões** foi 3 a 1.

___

e) A maternidade do **hospital** Santa Catarina está lotada.
O governo do estado inaugurou mais um **hospital** no mês de junho.

___

f) Em algumas cidades do Rio Grande do Sul, a temperatura atingiu seis graus abaixo de *zero*.
Um dos livros mais conhecidos do escritor Inácio de Loyola Brandão chama-se *zero*.

___

PRÁTICA DE LEITURA

O texto a seguir foi escrito por Luiz de Aquino, jornalista, contista, cronista e poeta goiano. Você vai ler a história de uma personagem que tem mais ou menos a sua idade.

Texto 3 – Conto (fragmento)

Luxo, lixo; guri, gari... E daí?

Meu nome? Onde moro? Se tenho mãe ou pai? Ora, o importante é que eu existo. Ou vocês querem que, para existir, a gente tenha que recitar nome, endereço, nome de pai e de mãe? Isso é coisa de documento, não de pessoa. Olhem para mim: existo, sou mulato, estou crescendo e os adultos costumam dizer que sou o futuro do Brasil.

Existo, e pronto! Ocupo lugar no espaço e quem disse isso foi um cientista, um sábio que viveu há muitos anos; acho até que antes de Jesus. E incomodo. Ando descalço, roupas velhas. Eu gosto de andar lá no centro, na aveni-

da Goiás, na rua Sete, na rua Quatro. Gosto de ver aquelas madamas bacanas se encolhendo pra não esbarrar em mim, medo de sujar a roupa fina. Gosto de correr pelos canteiros da Goiás, eu e meus colegas – os engraxates, os catadores de papel, os pivetes.

É bom, sabe? É bom a gente ter amigos assim. Eu tenho muitos e gosto deles. Eles também gostam de mim. Do nosso jeito: a gente gosta de se enrolar. Se o juizado pega um, os outros se mandam. É que se a gente quiser bancar o valente vai também. Nossa amizade é assim, ninguém exige nada de ninguém; cada um se vira como pode. Acaba sendo melhor, porque a gente é mais livre. Num tem desses negócios de fazer visitinhas, marcar compromissos. Hoje eu fico com os engraxates, amanhã com os entregadores de feira, depois com os catadores de papel. [...]

Quando dava fome, no começo era duro. Até que aprendi uns macetes. Fiz amizade com a cozinheira do restaurante do Armando, ela passava comida pra mim pela janela, escondido. Aí um menino que tinha brigado comigo contou pros caras lá e eu perdi a boca. A gente fica na rua até tarde, mas de noite tem que esconder do juizado. Tem dia que a gente tá tão cansado de bater perna que nem vai pra casa. Fica por aí, dorme nas vielas, debaixo das marquises. Tem uma garagem ali na Paranaíba que o guarda-noite me topa. De vez em quando eu durmo lá. Ele deixa eu dormir dentro de algum carro. Eu fico com dó de sujar os carros e durmo no chão. Me cabe bem porque eu já tenho 11 anos mas sou meio pequeno. E é tão quentinho!

Eu devia ter ficado lá no Centro hoje. Tá um frio danado, não sei o que vim fazer no Bairro Feliz.

Feliz é o bairro, com essa gente toda em casa, televisão colorida. [...] Quando eu crescer, quero ser doutor. Que nem o Doutor Vítor. Ficar rico. Ter carro, casa bacana. Mas pra ser doutor eu preciso estudar e pra estudar tenho que mudar de vida. Precisava deixar de ser pobre.

Oba, uma caixona de papelão! Vou deitar aí dentro. Vai ficar quentinho. É só o pessoal da limpeza não me catar pensando que sou lixo.

Luiz de Aquino. *O cerco e outros casos*. Goiânia: Ed. do Autor, 2003.

Por dentro do texto

1. Ao contar a sua história, o menino não apresenta seu próprio nome. O que mais ele deixa de apresentar?

2. Por que o menino não se apresenta de um jeito mais formal, com nome de pai, mãe e endereço?

3 Ao se apresentar no início do texto, como ele se identifica?

_____
_____
_____

4 É possível afirmar que a personagem conseguiu criar laços de amizade? Explique.

_____
_____

5 Pelo conjunto de informações do texto, é possível saber qual é o ambiente em que o menino vive?

_____

REFLEXÃO SOBRE O USO DA LÍNGUA

Substantivos simples e composto. Substantivos primitivo e derivado. Substantivos concreto e abstrato

1 Releia este trecho do texto, observando a palavra em destaque.

> "Tem dia que a gente tá tão cansado de bater perna que nem vai pra casa. Fica por aí, dorme nas vielas, debaixo das marquises. Tem uma garagem ali na Paranaíba que o **guarda-noite** me topa. De vez em quando eu durmo lá. Ele deixa eu dormir dentro de algum carro."

a) O que é um **guarda-noite**?

_____

b) O texto o ajudou a compreender o significado dessa palavra?

_____
_____

c) Que substantivos formam a palavra **guarda-noite**?

_____

d) Quando essas palavras se juntaram, formaram outra palavra. O sentido dessa nova palavra é igual ao das palavras que a formaram ou ela tem um sentido independente?

_____
_____

24

> **Importante saber**
> O **substantivo simples** é aquele formado de apenas uma palavra. **Noite** e **moleque** são substantivos simples.
> O **substantivo composto** é formado de duas ou mais palavras.
> **Guarda-noite** e **pé de moleque** são substantivos compostos. Veja mais exemplos sobre esse assunto consultando o Apêndice deste livro.

2 Observe a tirinha a seguir:

Disponível em: <http://www.monica.com.br/cookpage/cookpage.cgi?!pag=comics/tirinhas/tira244>. Acesso em: fev. 2012.

a) Leia esta informação, baseada na narrativa da tirinha:

> Mônica estava lendo um livro quando Magali a assustou.

• Quais substantivos foram usados nessa frase?
_____

b) Qual foi a intenção de Magali ao assustar Mônica?
_____
_____
_____

c) Observe a sequência de palavras a seguir:

> livro – livreiro – livraria

• Pinte apenas o que há de comum nas três palavras.

• Copie, a seguir, a parte comum da estrutura dessas palavras que contém o seu significado básico.
_____

> **Importante saber**
> Damos o nome de **radical** à parte da palavra que contém o seu significado básico.

3 No quadro a seguir, separe as palavras em dois grupos observando as semelhanças e diferenças entre elas.

cientista   lixeiro   científico   lixo   ciência   lixeira

Grupo 1	Grupo 2

a) Em cada grupo, é possível separar uma parte da palavra que aparece em todas as palavras que você agrupou. Qual é essa parte em cada grupo?

_____

b) Nos grupos 1 e 2, circule a palavra que você supõe ter dado origem às outras.

> **Importante saber**
>
> **Substantivos primitivos** são aqueles que não derivam de nenhum outro radical. As palavras **livro**, **ciência** e **lixo** são exemplos de substantivos primitivos.
>
> **Substantivos derivados** são aqueles que derivam de outro radical. As palavras **livraria**, **científico** e **lixeira** são exemplos de substantivos derivados.
>
> Observe:
>
> **livro** → substantivo primitivo
>
> **livr**aria → substantivo derivado
>
> Veja mais exemplos sobre esse assunto consultando o Apêndice deste livro.

4 Releia os trechos a seguir retirados do texto "O menino no espelho".

> "[...] Quando volto a olhá-lo no rosto, vejo assombrado que ele continua a sorrir. Como, se agora estou **absolutamente** sério?"
>
> "[...] Afasto-me um passo, sempre a puxar a figura do espelho, até que ela se destaque de todo, já dentro do meu quarto, e fique à minha frente, palpável, de carne e osso, como outro menino **exatamente** igual a mim."

- Observe a escrita das palavras destacadas. O que há em comum entre elas? Que parte das palavras é semelhante?

_____

> **Importante saber**
> **-mente** é uma partícula que se une ao final de uma palavra, alterando o seu significado. A essas partículas adicionadas ao radical chamamos **sufixos**.
> Nos exemplos anteriores, o sufixo **-mente** foi anexado às palavras **absoluto** e **exato**.

5 Agora responda: quais são os sufixos que formam os substantivos derivados livraria, caloroso, felizmente?

_____

6 Releia este trecho do texto.

> "Nossa amizade é assim, ninguém exige nada de ninguém; cada um se vira como pode. Acaba sendo melhor, porque a gente é mais livre. Num tem desses negócios de fazer visitinhas, marcar compromissos. Hoje eu fico com os engraxates, amanhã com os entregadores de feira, depois com os catadores de papel."

a) Qual é o sentimento que podemos identificar no trecho acima?

_____

b) Nesse trecho da história, esse sentimento depende de que substantivos para existir, além do substantivo "menino"?
( ) papel   ( ) compromisso   ( ) engraxates   ( ) entregadores   ( ) catadores

> **Importante saber**
> **Substantivos abstratos** indicam sentimentos, ações, qualidades, estados considerados em sua natureza individual, mas dependentes da relação com outros substantivos. Exemplos: amor, carinho, pensamento, beleza, ânimo, desespero.
> **Substantivos concretos** designam seres que existem por si próprios, que apresentam existência independente, tais como pessoas, lugares, animais etc. Veja alguns exemplos: Magali, Minas Gerais, papagaio, maçã, árvore.
> Veja mais exemplos sobre esse assunto consultando o Apêndice deste livro.

Aplicando conhecimentos

1 Reveja a tirinha de Mauricio de Sousa:

Disponível em: <http://www.monica.com.br/cookpage/cookpage.cgi?!pag=comics/tirinhas/tira244>. Acesso em: fev. 2012.

- Forme substantivos compostos com base nos elementos da tira e nas dicas abaixo. Se for necessário, consulte o dicionário para descobrir as palavras que você desconhece.

a) _____ do amor

b) _____-moça

c) _____-de-leão

d) _____-livros

e) _____-da-vida

f) _____ de sogra

2 As palavras a seguir foram retiradas do texto. Assinale aquelas que, como amizade, também correspondem a substantivos abstratos.

( ) saudade   ( ) Brasil   ( ) pai   ( ) garagem   ( ) carro

( ) roupa   ( ) pobreza   ( ) compromisso   ( ) Armando   ( ) frio

3 Muitos substantivos abstratos apresentam o mesmo radical de alguns verbos. Preencha as frases a partir das palavras entre parênteses. Veja um exemplo:

A **mobilização** dos estudantes interrompeu o trânsito. (mobilizar)

a) A diretora prevê um _____ das turmas envolvidas no projeto escolar. (reconhecer)

b) Os analistas do mercado financeiro indicam uma _____ da moeda nacional. (estabilizar)

c) A _____ automática do sistema já foi programada? (verificar)

d) A secretaria da escola não aceitou a _____ feita pelos participantes do campeonato. (solicitar)

4 Recorte manchetes, títulos e/ou textos do gênero notícia ou reportagem que apresentem substantivos abstratos. Cole-os no espaço a seguir e destaque esses substantivos.

5 O uso de substantivos abstratos favorece, muitas vezes, a construção de um texto mais enxuto, sintético. Suponha que as frases a seguir venham a compor manchetes de jornal. Reescreva-as substituindo o trecho destacado por um substantivo abstrato.

a) Houve queda **no que se produziu** na indústria automobilística

b) Analistas discutem o problema **de como a renda se concentra** no Brasil

c) Denúncia de **modo ilícito de se enriquecer** desconserta presidente de construtora

d) Indústria de tecnologia investe **no trabalho para desenvolver** novos *softwares*

DE OLHO NO VOCABULÁRIO

Ordem alfabética e estudo de verbete de dicionário

1 Leia o trecho a seguir, prestando atenção à palavra em destaque. Que sentido você atribui a ela nesse contexto?

> "É bom, sabe? É bom a gente ter amigos assim. Eu tenho muitos e gosto deles. Eles também gostam de mim. Do nosso jeito: a gente gosta de se **enrolar**. Se o juizado pega um, os outros se mandam. É que se a gente quiser bancar o valente vai também. Nossa amizade é assim, ninguém exige nada de ninguém; cada um se vira como pode."

___

2 Você sabe o que é um verbete? Leia esta definição.

> **Verbete** é a palavra de entrada em um dicionário, glossário ou enciclopédia seguida das informações, explicações que se referem a ela.

- Leia a seguir os significados da palavra **enrolar**, de acordo com este verbete de dicionário.

> **en.ro.lar** *v.t.* **1** dar a forma de rolo. **2** acondicionar em forma de rolo. **3** (Coloq.) enganar; tapear. **4** embrulhar; cingir. **5** ficar em volta; circundar. • *pron.* **6** embrulhar-se. **7** enrodilhar-se. **8** (Coloq.) tornar-se confuso; atrapalhar-se. • *int.* **9** (Coloq.) protelar uma decisão; embromar.
> Domingos Paschoal Cegalla. *Dicionário escolar da língua portuguesa*. São Paulo: Companhia Editora Nacional, 2005.

Em que sentido essa palavra foi usada no trecho transcrito na questão 1?

___
___

3 Você sabe como encontrar uma palavra no dicionário?

a) Sem consultar o dicionário, leia os verbetes seguintes e anote: cada um deles aparece antes ou depois da palavra **enrolar**? Assinale a resposta correta para cada palavra.

> **en.ro.la.men.to** *s.m.* **1** ato ou efeito de enrolar. **2** acondicionamento em forma de rolo numa bobina ou num motor.
> ☐ antes ☐ depois
>
> **en.ros.ca.men.to** *s.m.* **1** ato ou efeito de enroscar.
> ☐ antes ☐ depois
>
> Domingos Paschoal Cegalla. *Dicionário escolar da língua portuguesa*. São Paulo: Companhia Editora Nacional, 2005.

b) Anote a ordem em que essas três palavras aparecem no dicionário.

___

c) Prepare uma explicação dando exemplos de como as palavras podem ser achadas nesse tipo de consulta.

___

___

___

___

PRÁTICA DE LEITURA

Ao longo deste capítulo, você leu vários textos com características muito diferentes, mas que tinham algo em comum: todos eles traçavam o retrato de alguém. Veja mais uma maneira de fazer isso, muito utilizada em vários meios de comunicação, como revistas, *blogs*, jornais etc.

Texto 4 – Ficha-retrato

Eu sou assim...

Nome: Maeli S. Silva.
Idade: 11 anos.
Prato preferido: lasanha.
Animal de estimação: cachorrinho.
Cor predileta: vermelho.
Eu amo... minha família.
Eu não gosto de... gente mentirosa.
Um passatempo: dançar.
Um filme: *O rei Arthur.*
Um livro: *O senhor dos anéis* e *As 100 melhores histórias da mitologia.*
Uma pessoa admirável: minha mãe.
Uma música: várias.
Um sonho: ser médica.
Uma frase: Na vida existem erros e verdades. Falar que eu te amo pode ter sido o meu maior erro, mas foi a maior verdade.

31

Por dentro do texto

1. Identifique e transcreva da ficha-retrato o nome e a idade da menina.
   _____
   _____

2. Esse texto apresenta linguagem visual e verbal. Explique por quê.
   _____
   _____

3. A menina dá respostas a partir de alguns temas. Identifique e transcreva do texto quais são esses assuntos.
   _____
   _____
   _____

4. A maioria dos gostos pessoais da menina reflete as experiências vividas por ela no passado. Por quê?
   _____
   _____

5. Num dos itens da ficha-retrato, há um assunto que está relacionado à ideia de tempo futuro. Qual é ele?
   _____

6. Você já viu alguma ficha-retrato semelhante a essa em algum meio de comunicação? Em caso afirmativo, em qual deles?
   _____

REFLEXÃO SOBRE O USO DA LÍNGUA

Flexão do substantivo (gênero, número, grau)

1. Leia alguns trechos retirados do texto "Eu sou assim...".

> **Prato** preferido: lasanha.
> Animal de estimação: **cachorrinho**.
> **Cor** predileta: vermelho.
> Um livro: *As 100 melhores **histórias** da mitologia.*

Nos exemplos foram destacados alguns substantivos. Transcreva-os:

a) o substantivo destacado que pode ser precedido da palavra **o** e aquele que pode ser precedido da palavra **a**.

_____

b) o substantivo que dá a ideia de plural (mais de um ou uma).

_____

2 No texto, o fato de a menina ter chamado seu animal de **cachorrinho** significa que ela quer dizer que o cachorro é pequeno?

_____

_____

_____

- Agora observe esta outra frase: "O cachorrinho não larga do pé da sua mãe". O substantivo **cachorrinho** expressa a ideia de tamanho ou uma maneira carinhosa de se referir a ele?

_____

Importante saber
Os substantivos variam em **gênero**: eles podem ser masculinos e femininos.

O **prato** preferido   A **cor** predileta
↓   ↓
substantivo masculino   **substantivo feminino**

- Os substantivos variam em **número**: podem aparecer no singular ou no plural.

*As 100 melhores **histórias** da mitologia*   Conte-me uma **história** bonita.
↓   ↓
substantivo no plural   **substantivo no singular**

- Os substantivos variam em **grau**.

Um animal: **cachorrinho**.
↓
grau diminutivo do substantivo

Meu cachorrinho é um **amigão**.
↓
grau aumentativo do substantivo

3 Se você estivesse no lugar de Maeli, como responderia aos itens:

a) Um livro:

_____

33

b) Uma música:
_____

Aplicando conhecimentos

1 Uma das funções que o uso dos diferentes graus do substantivo desempenha é a mudança de sentido que pode provocar nos textos.

a) Observe a resposta dada por Maeli na ficha-retrato:

> "Animal de estimação: **cachorrinho**"

- A palavra "cachorrinho", usada por Maeli no grau diminutivo, revela um jeito carinhoso ou pejorativo de se referir ao animal?
_____

b) Leia outra frase com o mesmo substantivo.

> – Inscrever seu animal de estimação no concurso? Aquele **cachorrinho** de nada? Não dá nem para o começo!

- A mesma palavra "cachorrinho", usada na frase acima no grau diminutivo, revela um jeito carinhoso ou pejorativo de se referir ao animal?
_____

2 Suponha que a manchete a seguir se refira ao modo como um jogador de futebol atuou em uma partida.

> Neymar bate uma bola como ninguém!

- Reescreva a frase mantendo o sentido elogioso ao jogador, tornando a linguagem dela mais informal e fazendo uso do grau aumentativo.
_____

3 Neste capítulo, você estudou os substantivos compostos. Passe os substantivos a seguir para o plural. Para isso, consulte as regras de plural dos substantivos compostos. Elas estão no final deste livro.

a) o guarda-noite: _____

b) o vira-lata: _____

c) a segunda-feira: _____

d) a água-viva: _____

e) o joão-de-barro: _____

f) a meia-estação: _____

g) o mão-aberta: _____

h) o pula-pula: _____

4 Muitas palavras no aumentativo terminam com "ão", "ona", e, no diminutivo, com "inho", "inha". Mas há aumentativos e diminutivos com outras terminações. No diagrama, encontre os diminutivos e aumentativos correspondentes às palavras do quadro abaixo e anote-os nas linhas reservadas a eles.

Escreva os diminutivos de:	Escreva os aumentativos de:

estátua _____

pele _____

ilha _____

nó _____

gota _____

casa _____

forno _____

rico _____

voz _____

nariz _____

boca _____

homem _____

D	Q	A	A	S	E	T	D	C	B	N	A	E	O	P	J	I	L
A	N	D	Q	E	T	Y	I	P	C	L	H	J	F	A	D	A	D
X	A	V	H	O	M	E	N	Z	A	R	R	Ã	O	R	T	E	Q
B	R	C	W	N	Y	S	V	Z	S	K	I	E	R	D	F	G	S
G	I	A	R	O	E	T	R	N	E	I	C	A	N	F	E	R	C
H	G	X	U	M	A	A	E	O	B	G	A	R	A	H	X	V	H
I	Ã	L	T	E	B	T	X	I	R	U	Ç	U	L	O	L	U	V
O	O	X	O	I	I	U	Ã	X	E	A	O	X	H	U	Q	D	B
L	O	A	L	L	C	E	O	Y	O	N	J	N	A	I	E	I	U
A	P	B	E	H	V	T	E	P	N	Ó	D	U	L	O	A	S	D
E	P	Q	B	O	C	A	R	R	A	E	D	R	C	V	E	R	T
S	R	M	S	T	T	I	G	K	Q	W	F	L	Ç	M	N	G	R
T	S	C	X	A	H	V	O	Z	E	I	R	Ã	O	B	Q	A	Z
G	E	C	V	G	B	O	N	X	Z	Y	F	Ç	S	P	V	F	R
J	Q	N	B	G	O	T	Í	C	U	L	A	Z	Q	E	L	O	J
U	X	D	O	J	N	Z	P	E	L	Í	C	U	L	A	Q	T	Z
U	V	B	M	L	R	E	A	Q	A	U	O	E	T	C	C	R	S

5 Experimente responder à ficha-retrato a seguir, considerando o uso de singular e plural nos itens:

- Pratos preferidos: _____
- Animais: _____
- Um defeito: _____
- Uma qualidade: _____
- Profissões admiráveis: _____

6 Agora, descubra o que poderia ser mudado no assunto abaixo, depois da resposta dada por Maeli.

Um livro: *O senhor dos anéis* e *As 100 melhores histórias da mitologia*.

_____
_____

DE OLHO NO VOCABULÁRIO

Separação de sílabas

1 Na carta a seguir, há algumas palavras que ultrapassaram a margem da folha. Ao passar o texto a limpo, elas precisarão ser separadas em sílabas.

> Carlinhos querido
>
> Como vão as coisas por aí? Aqui quem tem se divertido é o meu **cachorrinho** Sagu. Ele não quer saber de ficar dentro de casa um minuto. Só quer andar, **correr**, correr e procurar o osso que ele enterra e a gente não acha.
>
> E a praia? Ela é linda e já arrumei um montão de amigos. Você pode **passar** por aqui hoje ou amanhã? Arrumamos um cantinho excelente para você e a **Laurinha**. Desça até aqui e poderá ver também os filhotes de gatinhos que nasceram ontem.
>
> Achei que devia deixar essa cartinha na sua caixa do correio porque passei por aí e não tinha ninguém em casa.
>
> Tomara que dê tudo certo!!!
>
> Um abraço,
>
> Giovana

a) A seguir, separe as sílabas das palavras:

cachorrinho _____   passar _____

correr _____   Laurinha _____

b) Pinte os dígrafos das palavras abaixo, retiradas da carta.

cachorrinho – correr – passar – Laurinha

c) Nas palavras a seguir, retiradas da carta, circule, entre os dígrafos destacados, aqueles que não devem ser separados na divisão silábica.

arrumei – excelente – desça – filhotes – nasceram

achei – cartinha – enterra – passei – ninguém

> **Importante saber**
> Na divisão em sílabas, há dígrafos que se separam e dígrafos que não se separam. Os dígrafos rr, ss, sc, e xc ficam em sílabas diferentes, e os dígrafos ch, nh e lh não se separam.

d) Com base no que estudou anteriormente, separe as sílabas de mais algumas palavras.

osso: _____   exceder: _____

piscina: _____   vassoura: _____

colher: _____   forró: _____

pilha: _____   passadeira: _____

crescer: _____   banheiro: _____

2 Conheça agora uma tabela de encontros consonantais, para saber quando eles ficam separados na divisão silábica.

GRUPO CONSONALTAL 1	GRUPO CONSONANTAL 2
bl, cl, fl, gl, pl, tl	br, cr, fr, gr, pr, tr

Pesquise palavras com esses encontros consonantais e anote-as nas linhas a seguir. Depois, separe as sílabas delas.

GRUPO 1	GRUPO 2

3 Agora, consulte as regras do quadro abaixo e separe as sílabas das palavras a seguir.

- Os encontros consonantais gn, pn, tm, pt, pc, pç se separam na divisão silábica quando aparecem no meio da palavra.

- Os encontros consonantais ps, pn, tm, pt não são separados na divisão silábica quando aparecem no início da palavra.

psicologia: _____

ignição: _____

apneia: _____

optar: _____

atmosférico: _____

advento: _____

gnose: _____

opção: _____

eclipse: _____

pneu: _____

PRODUÇÃO DE TEXTO

Que tal preparar a sua ficha-retrato para colocar em um mural na sala de aula? Desse modo, você e seus colegas poderão se apresentar melhor para a turma. Para produzi-la, você poderá criar mais itens, diferentes dos que apareceram no texto 4. Com seus colegas, decida se cada aluno irá ou não colocar a sua foto. Se preferir, ilustre o texto conforme seu gosto.

PLANEJE SEU TEXTO

Responda a cada um dos itens do quadro como modo de planejamento. Amplie o número de itens, se precisar. Verifique se cumpriu o planejado na hora de avaliar o texto.

PARA ESCREVER A FICHA-RETRATO	
1. Qual é o público leitor do texto?	
2. Que linguagem vou empregar?	
3. Qual é a estrutura que o texto vai ter?	
4. Onde o texto vai circular?	

ORIENTAÇÕES PARA A PRODUÇÃO

1. Verifique que tópicos (assuntos que servem como perguntas) vão compor o seu texto. Você pode se basear nos que estão nos textos lidos, pesquisar outros lendo novos textos desse gênero e ampliar a lista.

2. As respostas de uma ficha-retrato são breves, portanto escreva respostas objetivas.

3. Como os leitores de seu texto são seus colegas de classe e a ficha-retrato será um meio para que eles conheçam melhor a turma, escolha itens que possam cumprir essa finalidade.

AVALIAÇÃO E REESCRITA

1. Verifique se as respostas atendem objetivamente aos tópicos apresentados, se estão interessantes ao público leitor.
2. As respostas são breves e objetivas?
3. Antes de passar o texto a limpo na folha definitiva, faça uma correção ortográfica, consultando o dicionário quando for necessário.
4. Passe o texto a limpo, cuidando de ocupar a página distribuindo o conteúdo de modo a garantir harmonia entre texto e imagem.

Por fim, combinem com o professor de que modo você e sua turma montarão o mural.

LEIA MAIS

Na internet e em revistas impressas, você encontrará outros textos semelhantes na estrutura ou com a mesma finalidade da ficha-retrato. Eles podem aparecer com outros títulos para chamar a atenção do leitor, para que a linguagem pareça mais próxima dele e até mais divertida: *bate-bola*, *pingue-pongue*, *jogo rápido* etc. Na realidade, o que importa é que o leitor possa conhecer mais sobre a pessoa em questão de modo ágil. Assim, busque informações sobre pessoas conhecidas que você admira ou quer conhecer um pouco mais (ator, atleta, músico, uma personalidade de determinada área profissional, autor) e leia novos textos desse gênero.

PREPARANDO-SE PARA O PRÓXIMO CAPÍTULO

Pesquise em livros e revistas ou tente se lembrar de poemas que você considera bonitos, agradáveis de ler, capazes de emocioná-lo. Prepare a leitura de um desses textos, que será apresentado na data solicitada pelo professor. Treine sua expressão oral de modo a transmitir a emoção que o poema escolhido provoca em você. Uma das maneiras de fazer isso é ler diante do espelho brincando com as suas expressões faciais e corporais.

Capítulo 2 — POETA APRENDIZ

PRÁTICA DE LEITURA

O próximo texto nos fala sobre a descoberta de um menino poeta: Carlos Drummond de Andrade, um grande escritor brasileiro.

Texto 1 – Conto

Antes de ler

Observe apenas o título do próximo texto e responda: o que você compreende da expressão "A incapacidade de ser verdadeiro"?

A incapacidade de ser verdadeiro

Paulo tinha fama de mentiroso. Um dia chegou em casa dizendo que vira no campo dois **dragões da independência** cuspindo fogo e lendo fotonovelas.

A mãe botou-o de castigo, mas na semana seguinte ele veio contando que caíra no pátio da escola um pedaço de lua, todo cheio de buraquinhos, feito queijo, e ele provou e tinha gosto de queijo. Desta vez Paulo não só ficou sem sobremesa como foi proibido de jogar futebol durante quinze dias.

Quando o menino voltou falando que todas as borboletas da Terra passaram pela chácara de Siá Elpídia e queriam formar um tapete voador para transportá-lo ao sétimo céu, a mãe decidiu levá-lo ao médico. Após o exame, o Dr. Epaminondas abanou a cabeça:

– Não há nada a fazer, Dona Coló. Esse menino é mesmo um caso de poesia.

Carlos Drummond de Andrade. *Contos plausíveis*. 7. ed. Rio de Janeiro: Record, 2006.

Por dentro do texto

1) Que motivos conduziram as pessoas a achar que Paulo era mentiroso?
___
___
___

2) Apesar de ser castigado, Paulo continua relatando à mãe situações fantasiosas. Por que você acha que isso ocorre?
___
___
___

3) Releia o diagnóstico do médico.

> "– Não há nada a fazer, Dona Coló.
> Esse menino é mesmo um caso de poesia."

- A afirmação do médico confirma a ideia de que Paulo é mentiroso? Explique sua resposta.
___
___

4) Depois de ler o texto, explique por que Paulo é incapaz de ser verdadeiro.
___
___
___

5) Que outro título poderia ter o texto?
___

6) Você costuma escrever textos poéticos? Já mostrou para alguém? Por quê?
___
___
___

DE OLHO NO VOCABULÁRIO

1 Como você já sabe, às vezes, uma mesma palavra pode ter vários significados. O sentido só pode ser determinado pelo contexto, isto é, de acordo com a situação em que foi usada.

Observe a definição da palavra **fama** no dicionário.

> **fa.ma** s.f. **1** renome; notoriedade: *O cantor alcançou a fama rapidamente.* **2** reputação; conceito: *Meu avô tem fama de ranzinza.*
>
> Domingos Paschoal Cegalla. *Dicionário escolar da língua portuguesa*. São Paulo: Companhia Editora Nacional, 2005.

- Em que sentido foi usada a palavra fama no texto 1, de Carlos Drummond de Andrade? O que significa dizer que alguém "tem fama de mentiroso"?

_____
_____
_____

2 Releia a fala do médico no texto "A incapacidade de ser verdadeiro" e responda: o que você entendeu por **poesia**?

_____
_____
_____

3 Procure no dicionário o significado da palavra **poesia**. Transcreva e compare com a sua resposta. Que semelhanças e diferenças há entre as duas definições?

_____
_____
_____
_____

Importante saber

Damos o nome de **eu poético** à **voz que fala no poema.**

Há poetas adultos que escrevem como se estivessem no lugar de uma criança ou de um adolescente; de um homem ou de uma mulher. Para fazer isso, o poeta imagina o que esse outro sente, pensa e expressa de acordo com as características que atribui a ele.

No poema, a fala também pode ser de um animal, uma planta e até de um objeto. Os poetas também podem assumir uma profissão, um gosto, um hábito ou uma história que não tem relação com a sua vida pessoal.

Por isso, atenção: é importante não confundir o autor do texto (quem escreveu o poema) com o eu poético (a voz que fala no poema).

PRÁTICA DE LEITURA

Texto 2 – Poema

Antes de ler

Conflito pode significar choque de opiniões, de sentimentos, de interesses etc. O conflito pode acontecer entre duas pessoas, ou até consigo mesmo, referindo-se a assuntos ou emoções diversas. Observe os dois primeiros versos do poema e responda: que **conflito** você acha que o eu poético está vivendo?

Identidade

1 Às vezes nem eu mesmo
2 sei quem sou.
3 Às vezes sou
4 "o meu queridinho",
5 às vezes sou
6 "moleque malcriado".
7 Para mim
8 tem vezes que eu sou rei,
9 herói **voador**,
10 caubói **lutador**,
11 jogador **campeão**.
12 Às vezes sou pulga,
13 sou mosca também,
14 que voa e se esconde
15 de medo e de vergonha.
16 Às vezes eu sou Hércules,
17 Sansão **vencedor**,
18 peito de aço,
19 **goleador**.
20 Mas o que importa
21 o que pensam de mim?
22 Eu sou quem sou,
23 eu sou eu,
24 sou assim,
25 sou menino.

Pedro Bandeira. *Cavalgando o arco-íris*. 3. ed. São Paulo: Moderna, 2002.

Por dentro do texto

1. Identifique e grife, no poema lido, o trecho que indica que o menino não sabe quem é.

2. Leia as seguintes expressões retiradas do poema.

o meu queridinho

moleque malcriado

43

- Essas expressões apresentam uma certa opinião sobre o menino. Quem as poderia ter dito?

_____
_____
_____

3 O menino fala que é rei, herói, caubói, mosca.

a) Essas identidades fazem parte da imaginação ou da realidade do menino? Por quê?

_____
_____

b) Podemos dizer que essas palavras têm a ver com a identidade dele? Por quê?

_____
_____
_____

4 Você sabe quem foram Hércules e Sansão? Conhecer essas personagens é importante para compreender melhor o texto. Leia um pouco sobre eles.

Na mitologia grega, Hércules era filho de Zeus (o maior dos deuses). Teria nascido em Tebas, era invencível, e o mais valente herói de seu tempo.

A história de Sansão é narrada no Antigo Testamento da Bíblia, no *Livro de Juízes*. Sansão era um homem de extraordinária força, que lhe foi dada por Deus. Ele tinha um segredo: essa força estava nos seus cabelos.

- Agora, responda: por que o menino se compara a Sansão e Hércules?

_____
_____

5 Explique o que o menino quis dizer com os versos a seguir.

a)
> "Às vezes sou pulga
> [...]
> Às vezes eu sou Hércules"

_____
_____
_____

b)
> "Eu sou eu,
> sou assim,
> sou menino."

_____
_____
_____

6 Se o título do poema fosse "O menino sem dúvidas", ele estaria de acordo com o poema? Por quê?

_____
_____
_____

7 Qual o sexo e a faixa etária do eu poético? Justifique sua resposta.

_____
_____
_____

8 Releia este trecho do texto.

> "Às vezes sou pulga,
> sou mosca também,
> que voa e se esconde
> de **medo** e **vergonha**."

45

- Medo e vergonha são sentimentos comuns às pessoas dessa idade? Por quê?
___
___
___

9 O eu poético vive um conflito de identidade, ou seja, às vezes não sabe quem é.

a) Ao descrever-se, o eu poético expõe opiniões contraditórias sobre si mesmo, sejam elas visões que os outros têm dele ou que ele tem de si mesmo. Complete o verso com a expressão que se opõe à anterior:

> Às vezes sou "o meu queridinho", às vezes sou _____.

b) Na sua opinião, na idade do eu poético é comum viver um conflito de identidade?
___
___

Texto e construção

1 Quantas linhas tem o poema "Identidade"?
___

2 Essas linhas encontram-se agrupadas ou encontram-se separadas por espaços em branco?
___

> **Importante saber**
>
> Um texto pode ser escrito em **prosa** ou em **verso**.
>
> O texto em prosa se caracteriza por **ocupar toda a extensão da linha**. Cada conjunto de linhas escritas é chamado **parágrafo**. Geralmente, no início de cada parágrafo, deve-se fazer uma margem, ou seja, deve-se deixar um espaço em branco. Já o poema é escrito em **versos**. Cada verso corresponde a uma linha do poema. Observe o exemplo.
>
> Às vezes nem eu mesmo
> sei quem sou.
> Às vezes sou
> "o meu queridinho",
> às vezes sou
> "moleque malcriado".
>
> Cada conjunto de versos é chamado **estrofe**.
> Há poemas de apenas uma estrofe, como é o caso de "Identidade", em que os versos aparecem agrupados, sem espaço entre eles. Preste atenção e vá observando como se dá esse tipo de organização nos próximos poemas.

DE OLHO NO VOCABULÁRIO

1) Reescreva os trechos abaixo, dando um sentido contrário às palavras destacadas.

a) "Paulo tinha fama de **mentiroso**."

_____

b) "A **incapacidade** de ser verdadeiro."

_____

> **Importante saber**
> As palavras e expressões com sentidos opostos, contrários entre si, são chamadas **antônimos**.

2) Observe: in+capacidade = incapacidade

O prefixo **in-** permite formar antônimos, como **in**tolerante, **in**adequado. Pesquise quatro outras palavras iniciadas com o prefixo **in-** e forme uma frase com cada uma delas.

_____
_____
_____
_____
_____

3) Agora, utilizando **in-** ou sua variação **i-**, forme o antônimo das palavras a seguir.

| delicado | próprio | legal | real | afiançável | discreto | regular |

_____
_____
_____

4) Observe o uso da palavra **crânio** na tira a seguir.

a) Leia os verbetes a seguir e observe o sentido da palavra **crânio** no dicionário.

crâ.nio *s.m.* **1** (Anat.) caixa óssea que encerra e protege o encéfalo, no homem e nos vertebrados: *Tenho aqui um rapaz com fratura na base do crânio.* **2** cabeça: *A calvície despontava, desnudando-lhe o crânio liso.* **3** cérebro. **4** quem é muito inteligente; gênio: *Esse moço é um crânio.*

Domingos Paschoal Cegalla. *Dicionário escolar da língua portuguesa*. São Paulo: Companhia Editora Nacional, 2005.

crânio
■ substantivo masculino

1   Rubrica: anatomia geral.
caixa óssea que contém e protege o encéfalo

1.1 conjunto dos ossos que formam a cabeça de um vertebrado, esp. do homem quando morto
Ex.: encontrou, no cemitério, vários c. espalhados pelos canteiros

2   Derivação: por extensão de sentido, sentido figurado.
o cérebro, a fonte do pensamento
Ex.: era preciso colocar o c. para funcionar

3   Derivação: por metonímia. Regionalismo: Brasil. Uso: informal.
pessoa de notável inteligência Ex.: naquela turma só havia crânios

4   Rubrica: anatomia zoológica.
nos insetos, a parte quitinizada da cabeça

INSTITUTO ANTÔNIO HOUAISS. *Dicionário eletrônico Houaiss da língua portuguesa*. Versão 1.0. Monousuário 2.0. jan. 2007. Copyright 2001.

b) Releia a tira anterior e responda: em que sentidos a palavra **crânio** foi usada?
_____
_____

c) Forme duas frases com a palavra **crânio**: uma com o sentido de parte do corpo e outra com o sentido de inteligente, genial.
_____
_____
_____
_____

5 Que elementos são responsáveis para a construção do humor na tira?
_____
_____

Importante saber

As palavras podem ser usadas no **sentido figurado**, que é diferente do seu sentido próprio, literal. Isso significa que você pode não compreender o significado dessas palavras se tomá-las "ao pé da letra". Veja.

A festa de aniversário dela foi um sonho! Todos adoraram!

A palavra **sonho**, nesse caso, foi empregada fora de seu **sentido próprio**, **literal**; ela pode ser entendida como: o aniversário dela foi maravilhoso, fantástico, tão bom ou bonito quanto um sonho!

Observe outros exemplos tirados do texto "Identidade", de Pedro Bandeira.

"[...] tem vezes que eu sou **rei**, / **herói** voador". O eu poético associou rei e herói a pessoas poderosas, vencedoras. Dessa forma, ele atribuiu às palavras **rei** e **herói** um **sentido figurado**.

Aplicando conhecimentos

1 Leia a próxima tira.

Quadrinho 1: POR QUE MINHA PANELINHA? É PORQUE EU SOU UM CARA MEIO CULINÁRIO!
Quadrinho 2: TENHO CUCA FRESCA...
Quadrinho 3: ...AS IDEIAS FERVILHAM DENTRO DA MINHA CABEÇA...
Quadrinho 4: ...E O PESSOAL AÍ DIZ QUE EU SOU FOGO!

Ziraldo. *O Menino Maluquinho: as melhores tiras*, I. Porto Alegre: L&PM, 1995.

a) Retire dos quadrinhos palavras ou expressões que estejam sendo empregadas no sentido figurado.

_____

b) Explique o significado de cada uma das palavras ou expressões encontradas na questão anterior.

_____
_____

2 Forme uma frase com cada uma das palavras seguintes, usando-as no sentido próprio (real, literal) e no sentido figurado. Observe os exemplos.

> João é uma fera em matemática. (sentido figurado)

> João ficou uma fera com a brincadeira de mau gosto. (sentido figurado)

> Havia uma fera solta no parque. (sentido próprio)

a) fresca _____

b) fogo _____

c) animal _____

d) doce _____

2 Reescreva o poema "Identidade", de Pedro Bandeira, completando-o com uma ou mais palavras do quadro, considerando o sentido e o ritmo dos versos. Você poderá usar outras palavras de que goste ou que combinem com a sua identidade.

| extrovertido – tímido | calmo – agitado | corajoso – medroso |
| conciliador – briguento | organizado – desorganizado | adolescente – criança |

Identidade

1 Às vezes nem eu mesmo
2 sei quem sou.
3 Às vezes sou
4 _____
5 às vezes sou
6 _____.
7 Para mim
8 tem vezes que eu sou _____,
9 herói _____,
10 caubói _____,
11 jogador _____.
12 Às vezes sou _____,
13 sou mosca também,
14 que voa e se esconde
15 de medo e de vergonha.
16 Às vezes eu sou Hércules,
17 Sansão vencedor,
18 peito de aço,
19 goleador.
20 Mas o que importa
21 o que pensam de mim?
22 Eu sou quem sou,
23 eu sou eu,
24 sou assim,
25 sou _____.

Pedro Bandeira. *Cavalgando o arco-íris*. 3. ed. São Paulo: Moderna, 2002.

REFLEXÃO SOBRE O USO DA LÍNGUA

Adjetivo

1 Releia o poema "Identidade" e responda às próximas questões.

a) Escreva as palavras do poema a que os termos a seguir se referem.

| voador | vencedor | malcriado |

_____

b) Por que os substantivos **Sansão**, **Hércules**, **herói**, **caubói**, **pulga** e **mosca** são importantes para construir o sentido do poema?

_____
_____

c) Que palavras do poema dão **características** aos termos caubói e jogador?

_____

2 Volte ao poema e leia as palavras em destaque. Observe a função dessas palavras nos versos. Leia o poema sem esses termos e, em seguida, responda: qual é a importância dessas palavras para a construção desse poema?

_____
_____
_____

- Você sabe como são chamadas essas palavras?

_____

Importante saber

Como vimos no poema "Identidade", expressões como **lutador** e **malcriado** alteram o sentido do texto, caracterizando o **caubói** e o **moleque**. Não está se falando de qualquer caubói, nem de qualquer moleque.

Essas palavras são chamadas **adjetivos**.

Os **adjetivos** são palavras que modificam outras palavras, atribuindo-lhes características. Veja: "Às vezes sou moleque **malcriado**".

↓
adjetivo

- No poema, o adjetivo **malcriado** foi usado para falar sobre o moleque. Ele atribuiu uma **característica** à palavra **moleque**.

Assim como acontece com o substantivo, o adjetivo também é uma palavra variável.

- O adjetivo varia em **gênero**.

herói **voador**   mosca **voadora**
↓   ↓
adjetivo masculino   **adjetivo feminino**

Há adjetivos que apresentam uma só forma. Esse tipo de adjetivo serve tanto para caracterizar palavras femininas quanto masculinas. Veja.

Era um menin**o valente**.   Era uma menin**a valente**.

El**e** é **feliz**.   El**a** é **feliz**.

- O adjetivo varia em **número** de acordo com a palavra que caracteriza.

heróis **voadores**   moleques **malcriados**
↓   ↓
plural do adjetivo   **plural do adjetivo**

- O adjetivo varia em **grau**.

menino **queridíssimo**
↓
grau aumentativo do adjetivo

Saiba mais sobre esse assunto consultando o Apêndice deste livro.

Aplicando conhecimentos

1. Releia os versos a seguir.

"Às vezes sou
moleque **malcriado**.
Para mim
tem vezes que eu sou rei,
herói voador,
caubói lutador,
jogador **campeão**."

a) Você conseguiu perceber para que servem as palavras destacadas no texto? Escreva sua conclusão.

_____
_____
_____

b) Que palavras ou expressões podem substituir os termos em destaque sem mudar o sentido do texto?

_____

• Antes de fazer os exercícios a seguir, releia o texto 1, "A incapacidade de ser verdadeiro".

2 No texto 1, o adjetivo **mentiroso** foi empregado para falar do menino. Nesse texto, o sentido dado a esse adjetivo é positivo ou pejorativo? Explique sua resposta.

_____
_____

3 Qual adjetivo presente no texto 1 é antônimo da palavra **mentiroso**?

_____

4 Quando o título do texto afirma que Paulo era incapaz de ser verdadeiro, quis dizer que ele era de fato mentiroso? Explique sua resposta.

_____
_____
_____

5 Leia esta adivinha em versos.

O que é, o que é?
Redonda como um biscoito,
rasa como um prato,
nem todos os rios do mundo
poderiam enchê-la de fato.

a) Escreva o substantivo que corresponde à resposta da adivinha.
_____

b) Na adivinha, há dois adjetivos que servem como dica para que se chegue à resposta. Transcreva-os.
_____

c) A seguir, escreva mais dois adjetivos para o objeto que responde a adivinha.
_____

d) Invente sua charada, anotando-a nas linhas a seguir. Para isso, escolha um objeto e crie um texto, descrevendo-o sem revelar o nome dele. Use adjetivos no texto e, após a escrita, dê a adivinha para que um colega de classe descubra a resposta da charada.
_____
_____
_____
_____
_____
_____
_____

6 Faça o que se pede.

a) Em cada linha a seguir:
- Escreva um substantivo que corresponda ao que se pede.
- Para cada substantivo escolhido, escreva três adjetivos que o caracterizem.

Uma pessoa conhecida.
_____
_____

Um animal.
_____
_____

Um objeto.
_____
_____

PRÁTICA DE LEITURA

Texto 3 – Poema

O poeta aprendiz

Ele era um menino
Valente e caprino
Um pequeno infante
Sadio e **grimpante**
Anos tinha dez
E asas nos pés
Com chumbo e **bodoque**
Era plic e ploc
O olhar verde **gaio**
Parecia um raio
Para tangerina
Pião ou menina
Seu corpo moreno

Vivia correndo
Pulava no escuro
Não importa que muro
Saltava de anjo
Melhor que marmanjo
E dava o mergulho
Sem fazer barulho
Em bola de meia
Jogando de meia-direita ou de ponta
Passava da conta
De tanto driblar
[...]

Vinicius de Moraes. *Livro de letras.*
São Paulo: Companhia das Letras, 2005.

Por dentro do texto

1 Leia os versos abaixo e preste atenção na palavra **caprino**.

> "Ele era um menino
> Valente e caprino."

a) Leia agora a definição do dicionário para **caprino**.

ca.pri.no *s.m.pl.* **1** nome genérico para cabras e bodes, ovelhas e carneiros, considerados como espécie; ovinos: *É criador de caprinos.* • *adj.* **2** relativo a cabra ou bode: *carne caprina*.
Domingos Paschoal Cegalla. *Dicionário escolar da língua portuguesa.* 1. ed. São Paulo: Companhia Editora Nacional, 2005.

b) O que fazia o menino para ser qualificado como **caprino**?

_____
_____

2 Que outras características, além de caprino, são dadas ao menino no poema?
_____
_____

3 As expressões **asas nos pés** e **saltava de anjo** ressaltam que característica do menino?
_____

4 A descrição feita no poema leva o leitor a formar uma imagem do menino. Qual é ela?
_____
_____

5 Releia.

> "O olhar verde gaio
> Parecia um raio
> Para tangerina
> Pião ou menina"

Explique a comparação entre **olhar** e **raio** feita no poema.
_____
_____
_____

Texto e construção

1 Observe as duplas de palavras a seguir.

| dez – pés | pião – corpo | escuro – muro | verde – olhar | tangerina – menina |

a) Copie os pares de palavras que apresentam sons parecidos no final.
_____

> **Importante saber**
> A **rima** ocorre quando, no fim ou no meio de versos de um poema, há palavras que terminam com sons iguais ou semelhantes.
> As rimas podem ocorrer em versos diferentes ou dentro de um mesmo verso.

b) Além das duplas de palavras citadas, o poema apresenta outras rimas. Transcreva duas delas.

___

2 Observe a ordem das palavras no seguinte verso.

"Anos tinha dez."

- As palavras estão na ordem que costumamos usar? Explique sua resposta.

___

3 Reescreva o verso destacado na questão anterior, ordenando-o de outra forma. Depois localize o trecho em que se encontra esse verso e releia-o de acordo com a sua versão.

a) Observe o que mudou com essa reconstrução. O efeito sonoro é o mesmo? Por quê?

___

b) Com que intenção o autor do poema usou essa ordem das palavras na elaboração do verso?

___

4 Leia os próximos versos do poema e experimente ler com mais força a parte que está em destaque em cada palavra.

"Seu **cor**po mo**re**no
Vi**vi**a cor**ren**do
Pu**la**va no es**cu**ro
Não im**por**ta que **mu**ro
Sal**ta**va de **an**jo
Me**lhor** que mar**man**jo"

- Ao ler o poema dessa maneira, é possível dizer que as palavras parecem pular como o menino. Explique por quê.

___

5 Observe que em um verso do poema as palavras reproduzem o som de um objeto. Identifique-as. O que esse som representa?

___

___

> **Importante saber**
> O **poema** é um gênero textual estruturado em versos, podendo ou não ter rimas.
> Como já vimos anteriormente, cada linha do poema corresponde a um **verso**. Ao conjunto de versos damos o nome de **estrofe**.
> As palavras ou expressões utilizadas nos poemas podem ter vários significados, ou seja, em geral empregam uma **linguagem figurada**, sendo necessária a interpretação do que querem expressar.
> A intenção de um poema pode ser a de emocionar o leitor, propor uma reflexão, apresentar os sentimentos, as ideias e as emoções do poeta diante das situações da vida.
> E por que não considerar que um poema pode trazer em seus versos as coisas "desimportantes", como costuma dizer o poeta Manoel de Barros? Ao ler poemas, você poderá perceber o quanto as coisas do cotidiano parecem novas e originais nos versos dos poetas...

6 Você sabe o que é uma trova popular? São quadras, isto é, estrofes formadas por quatro versos que tratam de temas populares. Observe o ritmo e a musicalidade desse tipo de composição.

> Fui ao mato cortar lenha
> O capim cortou meu pé,
> Amarrei com fita verde
> Cabelinho de José.
>
> Fui à feira comprar uva,
> Encontrei uma coruja:
> Eu pisei na cauda dela,
> Me chamou de cara suja.
>
> Vera Aguiar (Coord.); Simone Assumpção; Sissa Jacoby. *Poesia fora da estante*. Porto Alegre: Ed. Projeto/CPL-PUCRS, 1999.

a) Quantas quadras aparecem na trova popular?

b) Nas quadras existem rimas. Quais são?

7 Experimente ler esta quadra em voz alta, enfatizando na leitura as sílabas destacadas. Depois leia novamente e, batendo as mãos, tente imitar o ritmo dos versos. Bata mais forte nas partes dos versos que estão em destaque.

> "Fui ao **ma**to cortar **len**ha
> O ca**pim** cortou meu **pé**,
> Amar**rei** com fita **ver**de
> Cabe**lin**ho de Jo**sé**."

- Agora responda às questões seguintes.

a) Ao ler o texto, você observou o ritmo dessa quadra? Para você, o que é ritmo?
_____
_____

> **Importante saber**
> O **ritmo** de um poema é formado pela alternância entre sílabas fortes e fracas nos versos, criando uma **cadência**. Quando os versos apresentam um **ritmo constante**, que se repete, dizemos que o poema apresenta uma **cadência regular**.

b) Para obedecer a uma cadência regular, os versos podem ter muita diferença no seu tamanho? Por quê?
_____
_____

c) Em sua opinião o que produz ritmo e musicalidade nesses versos?
_____
_____
_____

REFLEXÃO SOBRE O USO DA LÍNGUA

Locução adjetiva

1. Releia estes versos do poema.

> "E dava o mergulho / Sem fazer barulho / Em bola de meia"

a) A bola mencionada nos versos é uma bola específica. Explique essa afirmação.
_____

b) Que outros tipos de bola você conhece?
_____

c) Que expressão do poema, formada por mais de uma palavra, caracteriza o tipo de bola usada pelo menino?
_____

59

2 Leia a tira a seguir.

Quadrinho 1: — A VIDA SORRIU PRA MIM...
Quadrinho 3: — ELA NÃO TEM OS DOIS DENTES DA FRENTE!

Adão Iturrusgarai. *Folha de S.Paulo*. São Paulo: 15 jun. 2005.

a) Quem a personagem disse que sorriu para ela?
_____

b) Ao dizer isso, ela usou uma linguagem figurada? Por quê?
_____

c) A personagem se refere ao sorriso destacando a falta de dois dentes. Que dentes são esses?
_____

d) O que a personagem quis dizer com essas falas?
_____
_____

e) Qual expressão especifica, caracteriza o tipo de dente?
_____

f) Assinale a expressão que, no quadrinho, pode substituir **da frente**.

    laterais   frontais   superiores

g) A palavra escolhida por você para substituir a expressão **da frente** serve para caracterizar o substantivo **dentes**. Ela é um adjetivo ou um substantivo?
_____

Importante saber

Como vimos, os adjetivos qualificam, caracterizam, especificam outras palavras. Por exemplo:

Ele era um **menino**   **valente** e **caprino**.
    ↓   ↓   ↓
substantivo   adjetivo   adjetivo

Há também expressões que equivalem a um adjetivo, caracterizando, qualificando outras palavras. Veja.

Bola **de meia**

Dentes **da frente**

ELA NÃO TEM OS DOIS DENTES DA FRENTE!

A expressão **de meia** tem a função de caracterizar o tipo de bola que o menino usa para jogar. E a expressão **da frente** tem a função de especificar a que dentes a personagem dos quadrinhos está se referindo.

A expressão formada por duas ou mais palavras que equivale a um adjetivo é chamada **locução adjetiva**. **De meia** e **da frente** são exemplos de locução adjetiva.

Substantivo ou adjetivo?

A mesma palavra pode assumir mais de uma classificação, dependendo da frase (o contexto). Assim, por exemplo, uma palavra pode ser substantivo, se estiver dando nome a um ser; ou adjetivo, se estiver caracterizando o substantivo. Observe.

a) O **escuro** amedronta as crianças. **(substantivo)**
b) Um dia **escuro** traz tristeza. **(adjetivo)**

Aplicando conhecimentos

1 Leia a história a seguir e responda às próximas questões.

— Você quer pão doce, pão de leite, pão de batata...? Qual pão?

— Hum... Um de cada!

— Eu queria uma margarina Real, um leite C e quatro pães.

— Ah, vó, você não falou qual era... Então eu trouxe vários tipos.

— Mas você não comprou meu pão...

61

a) Quais substantivos estão na lista de compras da menina? Eles estão caracterizados?

b) Qual dos produtos pedidos pela menina não tinha informação suficiente para que o balconista pudesse atendê-la? O que fez o atendente?

c) Qual foi a solução encontrada pela menina para finalizar o seu pedido? Por que tomou essa decisão?

d) Que palavras ou expressões ajudaram o atendente a caracterizar os tipos de pão? A que classe gramatical pertencem?

e) A menina não comprou o pão que sua avó queria. Por que isso aconteceu?

2 Leia este texto.

Conversa _____

Amanheceu aberta uma rosa, uma rosa _____ e _____, na roseira _____. _____ jardim à moda antiga, um pedaço _____, um pé _____, um coqueiro-anão, um jasmim-do-cabo, algumas roseiras. Nem jardim propriamente é. Mas para o meninozinho que nasceu num décimo primeiro andar, que tem pai _____ e mãe oficial administrativo, para aquele garoto, o meu jardim é um parque, um reino. Ele mal foi saltando do carro, juntou as mãozinhas, riu e disse que lá estava um balãozinho _____ em cima daquela planta. A mãe, que tem hábitos _____, logo explicou que aquilo era uma rosa numa roseira. O menino entretanto não concordou, disse que só era então um "balão _____". E quando insistiram que se tratava de uma flor, o rapaz perdeu a paciência: "Flor é pequenininha e só dá na feira". _____ da Zona _____, natural que pense que as flores e os legumes nascem nas barracas.

Raquel de Queiroz. *Cenas brasileiras*. São Paulo: Ática, 2003.

a) Complete as lacunas com expressões adjetivas. Escolha dentre as apresentadas no quadro.

Sul	pedagógicos	de menino	de roseiras	Nativo
grande	Modesto	de grama	comerciário	do meu jardim
rubra	de manacá	de papel encarnado		

b) Qual é a diferença entre esse menino e o retratado no poema "O poeta aprendiz"?
_____
_____
_____

PRÁTICA DE LEITURA

Texto 4 – Crônica

Leia esta crônica de Carlos Drummond de Andrade.

Eterna imprecisão de linguagem

– Que pão!

– Doce? de mel? de açúcar? de ló? de ló de mico? de trigo? de milho? de mistura? de rapa? de **saruga**? de **soborralho**? do céu? dos anjos? brasileiro? francês? italiano? alemão? do chile? de fôrma? de **bugio**? de porco? de galinha? de pássaros? de minuto? **ázimo**? bento? branco? dormido? duro? sabido? **saloio**? seco? segundo? nosso de cada dia? ganho com o suor do rosto? que o diabo amassou?

– Uma uva!

– Branca? preta? tinta? moscatel? isabel? maçã? japonesa? **ursina**? mijona gorda? brava? bastarda? rara? de galo? de cão? de cão menor? do monte? da serra? do mato? de mato grosso? de **facho**? de **gentio**? de joão pais? do nascimento? do inverno? do inferno? de praia? de rei? de **obó**? da promissão roxa? verde da fábula de La Fontaine? espim? [...]

– É uma flor.

– Da noite? de um dia? do ar? da paixão? do besouro? da quaresma? das almas? de abril? de maio? do imperador? da imperatriz? de cera? de coral? de enxofre? de lã? de lis? de pau? de natal? de são miguel? de são benedito? da santa cruz? de sapo? do cardeal? do general? de noiva? de viúva? da cachoeira? de baile? de vaca? de chagas? de sangue? de jesus? do espírito santo? dos for-

63

migueiros? dos amores? dos macaquinhos? dos rapazinhos? de pelicano? de papagaio? de mel? de merenda? de onze horas? de trombeta? de mariposa? de veludo? do norte? do paraíso? de retórica? neutra? macha? estrelada? radiada? santa? que não se cheira?

— É uma bomba.

— De sucção? de roda? de parede? **premente**? aspirante-premente? de incêndio? real? transvaliana? vulcânica? atômica? de hidrogênio? de chocolate? suja? de vestibular de medicina? de **anarquista**? de são joão e são pedro? de fabricação caseira? de aumento do preço do dólar? enfeitada? de **zoncho**? de efeito psicológico?

— É um amor.

— Perfeito? perfeito da china? perfeito do mato? perfeito azul? perfeito bravo? próprio? materno? filial? incestuoso? livre? platônico? socrático? de vaqueiro? de carnaval? de cigano? de perdição? de **hortelão**? de negro? de deus? do próximo? sem olho? à pátria? bruxo? que não ousa dizer seu nome?

— Vá em paz.

— Armada? otaviana? romana? podre? dos pântanos? de **varsóvia**? de **requiescat**? e terra?

— Vá com Deus.

— Qual?

Carlos Drummond de Andrade. *Caminhos de João Brandão*. 3. ed. Rio de Janeiro: Record, 2002.

Por dentro do texto

1 Na crônica, após os substantivos **pão**, **uva**, **flor**, **bomba**, **amor**, **paz** há uma sequência de palavras e expressões que se referem a eles. Para que elas servem?

_____
_____

2 Para o cronista, tanto faz usar qualquer uma das palavras ou expressões ou há diferenças? Por quê?

_____
_____

3 Assinale a alternativa correta. No texto, a voz que faz tantas perguntas:

☐ Não tem muitas informações sobre o que foi citado antes.

☐ Enumera várias possibilidades de se referir à palavra que foi citada antes.

☐ Quer dizer que as coisas são sempre muito parecidas.

4 Transcreva do texto três adjetivos e três locuções adjetivas que caracterizam a palavra pão.
___
___

5 Veja estas possibilidades de combinação.

```
              pão
   ┌───────────┼───────────┐
de mel     de queijo    de fôrma
```

a) Que efeito tem o acréscimo das locuções ao substantivo?
___
___

b) É possível substituir a expressão **pão de mel** por **pão melado** sem alterar o sentido da primeira expressão? Explique.
___
___

6 Você sabe o que quer dizer **imprecisão**? Caso não saiba, pesquise o significado dessa palavra e responda: por que o título da crônica é "Eterna imprecisão de linguagem"?
___
___
___
___

DE OLHO NA ESCRITA

Palavras terminadas em -oso/-osa

1 Observe as palavras a seguir:

bond**oso** – bond**osa**

- Experimente se lembrar de palavras que terminam em **-oso/-osa** e escreva-as.

___
___

65

2 Leia a próxima história.

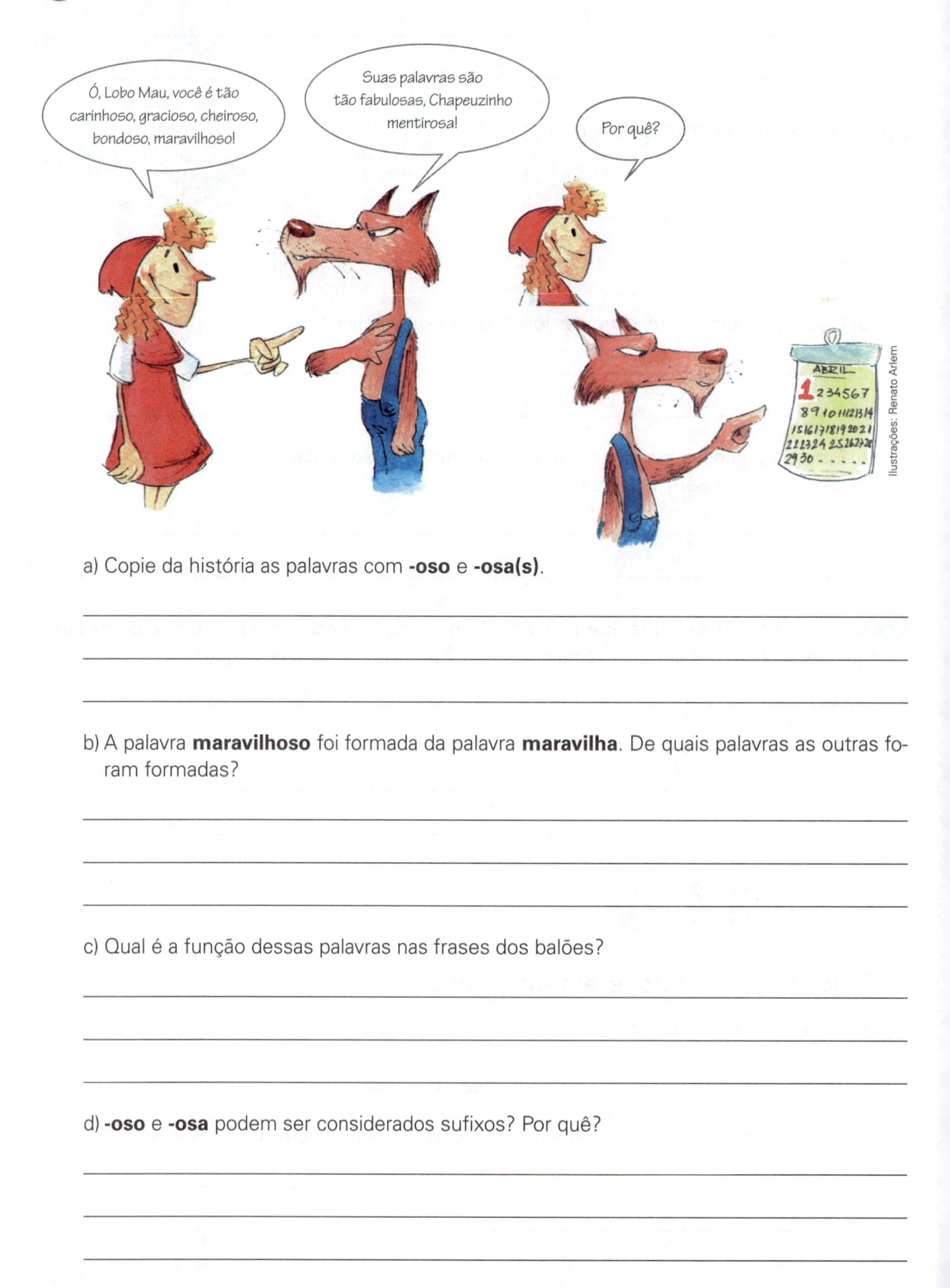

Balões de fala:
- "Ó, Lobo Mau, você é tão carinhoso, gracioso, cheiroso, bondoso, maravilhoso!"
- "Suas palavras são tão fabulosas, Chapeuzinho mentirosa!"
- "Por quê?"

Ilustrações: Renato Arlem

a) Copie da história as palavras com **-oso** e **-osa(s)**.

_____
_____
_____

b) A palavra **maravilhoso** foi formada da palavra **maravilha**. De quais palavras as outras foram formadas?

_____
_____
_____

c) Qual é a função dessas palavras nas frases dos balões?

_____
_____
_____

d) **-oso** e **-osa** podem ser considerados sufixos? Por quê?

_____
_____
_____

3 Escolha uma pessoa que você admira e escreva para ela um bilhete apontando suas qualidades. No texto, use ao menos três adjetivos terminados em **-oso** e **-osa**. Passe o bilhete a limpo e mostre seu texto para o destinatário escolhido.

_____
_____
_____
_____
_____
_____
_____
_____
_____

4 Nas pistas para a cruzadinha, há adjetivos terminados em **-oso** e **-osa**. Para preenchê-la, descubra quais são os substantivos correspondentes.

1.	saborosa	sabor
2.	caprichoso	
3.	engenhoso	
4.	vitoriosa	
5.	pastoso	
6.	ruidoso	
7.	ansiosa	
8.	brilhoso	
9.	harmoniosa	
10.	generoso	

1. S A B O R

> PRODUÇÃO DE TEXTO

PRIMEIRA SUGESTÃO: LIVRO DE POEMAS DA TURMA

Para construir um livro de poemas, cada aluno produzirá seu próprio poema. Antes de iniciar a produção de texto, observe as telas a seguir.

Djanira. *O circo*. 1955. Guache sobre papel, 33 cm × 47 cm.

Vânia Reis e Silva. *Namorados no portão*. 1956. Óleo sobre tela e eucatex, 49 cm × 72 cm.

Você também tem a opção de escolher outra pintura ou uma fotografia para escrever o texto a partir dela. Caso decida por essa outra opção, peça orientação ao professor.

O livro de poemas poderá ser levado para casa, a fim de que seus familiares e amigos possam lê-lo. Para isso, o livro pode ser reproduzido para que cada aluno tenha um exemplar ou, se isso não for possível, o professor combinará com a turma uma dinâmica que permita a todos os alunos da turma levar o livro para casa.

SEGUNDA SUGESTÃO: TROVA

Reescreva uma trova em seu caderno, modificando versos e palavras, sem alterar o compasso. Não deixe de fazer rimas.

Veja no exemplo a seguir como o ritmo foi criado.

> Você diz que sabe muito
>
> Papagaio sabe mais:
>
> Papagaio fala versos
>
> Coisa que você não faz.

As trovas também poderão fazer parte do livro de poemas da turma. Vocês poderão optar por fazer um livro somente com as trovas produzidas.

PLANEJE SEU TEXTO

Responda a cada um dos itens do quadro como modo de planejamento. Amplie o número de itens no caderno, se precisar. Verifique se cumpriu o planejado na hora de avaliar o texto.

PARA ESCREVER O POEMA (OU A TROVA)	
1. Qual é o público leitor do texto?	
2. Que linguagem vou empregar?	
3. Qual é a estrutura que o texto vai ter?	
4. Onde o texto vai circular?	

ORIENTAÇÕES PARA A PRODUÇÃO

1. Para a primeira sugestão, escolha uma das imagens como ponto de partida para a escrita do texto.
2. Experimente as sensações e ideias que a imagem lhe sugere e, a partir dessa experiência, escreva alguns versos, buscando perceber a seleção e combinação dos sons e das palavras.
3. Depois organize os versos e verifique se eles produzem os efeitos que deseja quanto ao sentido, à sonoridade e ao ritmo do poema. Recorra aos recursos estudados neste capítulo e lembre-se de que um poema não precisa necessariamente ter rimas.
4. Organize a escrita do texto no espaço da folha: você já sabe que a forma usada para escrever um poema não obedece à organização em parágrafos, mas à organização em versos.

5. A linguagem figurada é muito empregada nesse gênero de texto. Reveja alguns exemplos estudados e lance mão desse recurso para construir os versos.
6. Para a segunda sugestão, lembre-se de pesquisar várias trovas e escolher algumas para fazer a reescrita, modificando palavras que resultem em um texto com sentido geral semelhante ou em um texto que traga o mesmo tema, mas que resulte em sentido totalmente diverso. Por exemplo: se a trova fala sobre "amizade", você poderá ler o que ela quer comunicar e reescrevê-la para dizer a mesma coisa, só que usando novas palavras. Outra opção é criar uma trova nova que expresse as suas ideias sobre esse mesmo tema.
7. Combine com seus colegas de turma e com o professor como será composto o livro: páginas, capa, se haverá ilustrações, dedicatória, como aparecerá o nome dos autores, se cada aluno-autor assinará o livro, que materiais usarão para confeccionar a capa, qual o tipo e tamanho de letra a ser usado.
8. Decidam coletivamente qual será a melhor maneira de divulgar o livro. Seria interessante que as famílias pudessem ler as produções.
9. Por fim, caso julguem interessante, o livro poderá ser doado para a biblioteca da escola para que outras pessoas possam ter acesso aos belos poemas produzidos por sua turma.

AVALIAÇÃO E REESCRITA

1. Faça uma leitura do poema em voz alta e verifique se quer retomá-lo, alterar as palavras e a combinação delas, acrescentar ou retirar versos, continuar o texto.
2. Verifique se o ritmo do poema ficou agradável. No caso da trova, veja se a rima produziu o efeito sonoro desejado.
3. Proceda com as modificações até concluir seus objetivos.
4. Faça uma correção ortográfica do texto.
5. Passe o texto a limpo e o entregue ao professor antes de a turma iniciar a confecção do livro. Se você optou por realizar a primeira sugestão, entregue ao professor a reprodução da imagem da qual você partiu para produzir o poema.

LEIA MAIS

Não são poucos os suportes em que podemos encontrar poemas. Na modalidade escrita ou oral, eles estão por toda a parte. Podem compor trechos de um anúncio publicitário, podem estar em livros, revistas, jornais, *sites*, em painéis de exposições e até mesmo em paredes do metrô de algumas cidades, reservadas para proporcionar ao público a fruição desses textos. Seja você também um leitor de poemas, procure-os por toda a parte e divulgue aos seus colegas aqueles de que mais gostar.

PREPARANDO-SE PARA O PRÓXIMO CAPÍTULO

Converse com alguém de sua família ou algum vizinho com mais de 50 anos a respeito da situação das escolas de décadas atrás. Anote o que eles disserem em folhas avulsas e, se possível, consiga fotos que retratem essas escolas. Traga esses materiais para a aula, conforme a orientação do professor.

Unidade 2

Ser e conviver

Nesta unidade, você estudará:

- **GÊNEROS TEXTUAIS**

- **VARIEDADES LINGUÍSTICAS**

- **NÍVEIS DE LINGUAGEM: FORMAL E INFORMAL**

- **ELEMENTOS DA NARRATIVA**

- **ARTIGO**

- **SEQUÊNCIAS: NARRATIVA, DESCRITIVA E ARGUMENTATIVA**

- **NUMERAL**

- **PRONOME PESSOAL E PRONOME POSSESSIVO**

- **ORTOGRAFIA:**

- USO DO POR QUE, PORQUE, POR QUÊ, PORQUÊ

- ACENTUAÇÃO DAS PROPAROXÍTONAS

PARA COMEÇO DE CONVERSA

Observe a capa do livro a seguir e o título.

Ziraldo. *Uma professora muito maluquinha.*
12. ed. São Paulo: Melhoramentos, 1995.

1. Que detalhes na figura da professora nos levam a concluir que ela era mesmo maluquinha?

2. O que o título do livro faz você lembrar?

3. Quem é o autor do livro?

4. Em sua opinião, que características possui um professor que o tornam inesquecível? Por quê?

5. Além dos conteúdos de sua área de conhecimento, o que mais um professor pode nos ensinar de importante?

Capítulo 1

VIVER NA ESCOLA

PRÁTICA DE LEITURA

Texto 1 – Gráfico

Situação alarmante

• Alunos que aprenderam o esperado para o 3º ano (2ª série) por região e por rede de ensino.

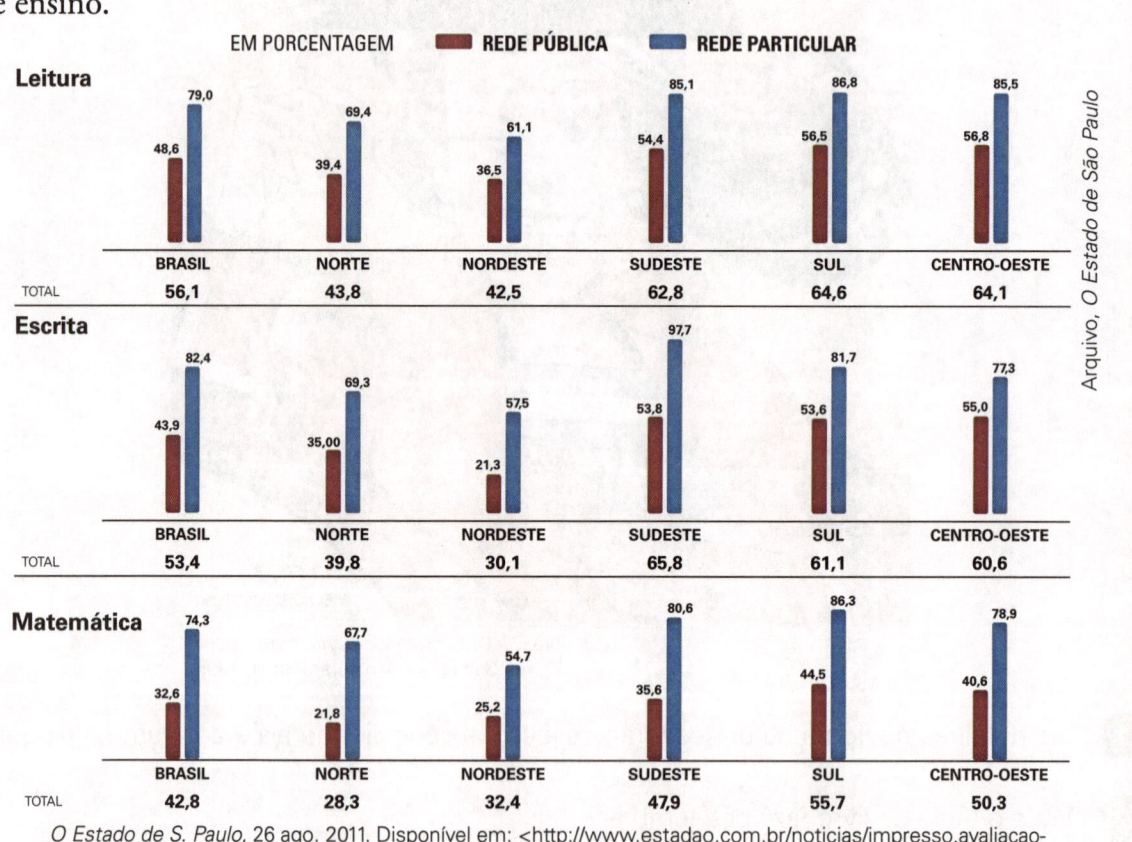

EM PORCENTAGEM — REDE PÚBLICA — REDE PARTICULAR

Leitura

	BRASIL	NORTE	NORDESTE	SUDESTE	SUL	CENTRO-OESTE
Rede Pública	48,6	39,4	36,5	54,4	56,5	56,8
Rede Particular	79,0	69,4	61,1	85,1	86,8	85,5
TOTAL	56,1	43,8	42,5	62,8	64,6	64,1

Escrita

	BRASIL	NORTE	NORDESTE	SUDESTE	SUL	CENTRO-OESTE
Rede Pública	43,9	35,00	21,3	53,8	53,6	55,0
Rede Particular	82,4	69,3	57,5	97,7	81,7	77,3
TOTAL	53,4	39,8	30,1	65,8	61,1	60,6

Matemática

	BRASIL	NORTE	NORDESTE	SUDESTE	SUL	CENTRO-OESTE
Rede Pública	32,6	21,8	25,2	35,6	44,5	40,6
Rede Particular	74,3	67,7	54,7	80,6	86,3	78,9
TOTAL	42,8	28,3	32,4	47,9	55,7	50,3

O Estado de S. Paulo, 26 ago. 2011. Disponível em: <http://www.estadao.com.br/noticias/impresso,avaliacao-mostra-que-metade-dos-alunos-de-8-anos-nao-aprende-o-minimo,763848,0.htm>. Acesso em: 16 fev. 2012.

Arquivo, *O Estado de São Paulo*

1. Em qual veículo de comunicação esses gráficos foram divulgados? E em que data?

2. Esses gráficos tratam de qual assunto?

3. O que o título desse texto sugere sobre o assunto tratado?

Por dentro do texto

Gráficos são textos que representam informações visualmente e são usados em diferentes meios. Os gráficos que você acabou de ler foram criados para complementar informações veiculadas em um jornal. Faça uma leitura mais detalhada desses gráficos e depois responda às questões a seguir.

1 O que as cores vermelha e azul representam?
_____
_____

2 Os gráficos mostram o nível de aprendizagem dos alunos em três áreas. Quais são elas?
_____

3 O que os números nas bases dos gráficos indicam em relação aos alunos de 3º ano?
_____
_____

4 Observando as cores e o que elas representam, responda: o número de alunos que aprendeu o esperado para o 3º ano é maior na rede pública ou na particular?
_____

5 A primeira coluna de cada gráfico está relacionada a qual informação? E as demais?
_____
_____

6 Observe os números nas bases das colunas relacionadas às regiões brasileiras e depois responda ao que se pede.

a) Qual região apresenta maiores problemas relacionados à leitura e à escrita?
_____

b) Qual região apresenta maiores dificuldades em relação à matemática?
_____

c) Quais são as duas regiões que apresentam menos dificuldades em relação à leitura e à matemática? E à escrita?
_____
_____
_____

75

Importante saber

Pelo conteúdo, pela organização, linguagem e pelas intenções de um texto, é possível reconhecer o que é um gráfico, um poema, uma carta, um bilhete, uma história em quadrinhos etc. Também é possível perceber a diferença que há entre os textos.

Ao conjunto de textos orais e escritos, com características específicas, damos o nome de **gêneros textuais**.

Ao se produzir um texto, em determinado gênero, devemos nos perguntar:

- por que e para que escrevemos (intenção comunicativa);

- a quem o texto se destina (interlocutor);

- como o texto deve estar organizado;

- quais são os tipos de linguagem utilizados: verbal, não verbal e mista;

- como adequar vocabulário, combinação de palavras, pontuação etc. às intenções do texto; onde o texto circulará.

Sendo assim, é importante considerar os itens acima quando for construir o seu texto.

PRÁTICA DE LEITURA

Texto 2 – Crônica

Antes de ler

1. Você sabe o que significa a palavra **democrata**? Será que as pessoas que convivem com você sabem o significado dessa palavra? Faça uma pesquisa. Pergunte a várias pessoas próximas a você (familiares, vizinhos, professores etc.): o que significa ser democrata?

2. Agora leia o próximo texto.

Na escola

Democrata é Dona Amarílis, professora na escola pública de uma rua que não vou contar, e mesmo o nome de Dona Amarílis é inventado, mas o caso aconteceu.

Ela se virou para os alunos, no começo da aula, e falou assim:

– Hoje eu preciso que vocês resolvam uma coisa muito importante. Pode ser?

– Pode – a garotada respondeu em coro.

– Muito bem. Será uma espécie de plebiscito. A palavra é complicada, mas a coisa é simples. Cada um dá sua opinião, a gente soma as opiniões e a maioria é que decide. Na hora de dar opinião, não falem todos de uma vez só, porque senão vai ser muito difícil eu saber o que é que cada um pensa. Está bem?

— Está – respondeu o coro, interessadíssimo.

— Ótimo. Então, vamos ao assunto. Surgiu um movimento para as professoras poderem usar calça comprida nas escolas. O governo disse que deixa, a diretora também, mas no meu caso eu não quero decidir por mim. O que se faz na sala de aula deve ser de acordo com os alunos. Para todos ficarem satisfeitos e um não dizer que não gostou. Assim não tem problema. Bem, vou começar pelo Renato Carlos. Renato Carlos, você acha que sua professora deve ou não deve usar calça comprida na escola?

— Acho que não deve – respondeu, baixando os olhos.

— Por quê?

— Porque é melhor não usar.

— E por que é melhor não usar?

— Porque minissaia é muito mais bacana.

— Perfeito. Um voto contra. Marilena, me faz um favor, anote aí no seu caderno os votos contra. E você, Leonardo, por obséquio, anote os votos a favor, se houver. Agora quem vai responder é Inesita.

— Claro que deve, professora. Lá fora a senhora usa, por que vai deixar de usar aqui dentro?

— Mas aqui dentro é outro lugar.

— É a mesma coisa. A senhora tem uma roxo cardeal que eu vi outro dia na rua, aquela é bárbara.

— Um a favor. E você, Aparecida?

— Posso ser sincera, professora?

— Pode, não. Deve.

— Eu, se fosse a senhora, não usava.

— Por quê?

— O quadril, sabe? Fica meio saliente...

— Obrigada, Aparecida. Você anotou, Marilena? Agora você, Edmundo.

— Eu acho que Aparecida não tem razão, professora. A senhora deve ficar muito bacana de calça comprida. O seu quadril é certinho.

— Meu quadril não está em votação, Edmundo. A calça, sim. Você é contra ou a favor da calça?

— A favor 100%.

— Você, Peter?

— Pra mim tanto faz.

— Não tem preferência?

— Sei lá. Negócio de mulher eu não me meto, professora.

— Uma abstenção. Mônica, você fica encarregada de tomar nota dos votos iguais ao de Peter: nem contra nem a favor, antes pelo contrário.

Assim iam todos votando, como se escolhessem o Presidente da República, tarefa que talvez, quem sabe? no futuro sejam chamados a desempenhar. Com a maior circunspeção. A vez de Rinalda:

— Ah, cada um na sua.

— Na sua, como?

— Eu na minha, a senhora na sua, cada um na dele, entende?

— Explique melhor.

— Negócio seguinte. Se a senhora quer vir de pantalona, venha. Eu quero vir de mídi, de máxi, de short, venho. Uniforme é papo-furado.

— Você foi além da pergunta, Rinalda. Então é a favor?

— Evidente. Cada um curtindo à vontade.

— Legal! — exclamou Jorgito. — Uniforme está superado, professora. A senhora vem de calça comprida, e a gente aparecemos de qualquer jeito.

— Não pode — refutou Gilberto. — Vira bagunça. Lá em casa ninguém anda de pijama ou de camisa aberta na sala. A gente tem de respeitar o uniforme.

Respeita, não respeita, a discussão esquentou, Dona Amarílis pedia ordem, ordem, assim não é possível, mas os grupos se haviam extremado, falavam todos ao mesmo tempo, ninguém se fazia ouvir, pelo que, com quatro votos a favor de calça comprida, dois contra, e um tanto faz, e antes que fosse decretada por maioria absoluta a abolição do uniforme escolar, a professora achou prudente declarar encerrado o plebiscito, e passou à lição de História do Brasil.

Carlos Drummond de Andrade. Na escola. In: *Crônicas*.
14. ed. São Paulo: Ática, 1995. (Para gostar de ler.)

Por dentro do texto

1) O texto que você acabou de ler conta uma história.

a) Quem são as personagens?

b) No geral, o que as personagens estão fazendo?

c) Onde ocorrem os fatos?
_____

2) Que fatos ocorridos no texto podem acontecer no dia a dia de uma sala de aula?
_____
_____

3) Você entendeu a explicação de Dona Amarílis sobre plebiscito? Explique, então, do que se trata.
_____
_____

4) Dona Amarílis é caracterizada no texto como uma pessoa democrata. Que atitude dela prova que essa caracterização está correta?
_____
_____

5) Escreva o nome da personagem que pode ser caracterizada por palavra ou expressão do quadro a seguir, com base na opinião manifestada no plebiscito.

avançado(a) _____   inovador(a) _____

indiferente _____   conservador(a) _____

preocupado(a) com o lado estético _____

Texto e construção

1) Releia a opinião de Inesita e responda às questões.

a) Ela foi a favor ou contra o uso da calça comprida?
_____

b) Que **argumento** ela usou para justificar sua opinião?
_____

> **Importante saber**
> **Argumento** é o recurso que utilizamos para justificar uma afirmação ou para convencer alguém a mudar de opinião ou comportamento.
> Fatos, ideias, razões ou provas são exemplos de argumentos.

2 Por que Renato Carlos e Aparecida votaram contra? Que **argumento** cada um deles usou?

_____

_____

> **Importante saber**
> A **argumentação** pode aparecer em diferentes gêneros textuais orais ou escritos. Por exemplo, as pessoas podem defender ideias num debate, num artigo de opinião ou até mesmo numa conversação espontânea. Por isso, é importante saber que, para argumentar, é preciso conhecer melhor o assunto sobre o qual estamos falando ou escrevendo. Desse modo, ficará mais fácil colocar as ideias em ordem e construir argumentos adequados e eficientes.

3 Depois de ler os diferentes argumentos dos alunos de Dona Amarílis, escolha aquele que, em sua opinião, apresentou mais bom senso. Justifique sua escolha.

_____

_____

4 Desde o primeiro capítulo, você teve a oportunidade de ler textos com características bastante diferentes: história em quadrinhos, conto, crônica, tela, gráfico, ficha-retrato, entre outros. Você pôde perceber que cada texto abordou determinado conteúdo, organizou-se de um jeito próprio e apresentou intenções diferentes e linguagens específicas.
Observe esses aspectos na crônica "Na escola" e assinale as características que você identifica nela.

☐ Trata-se de um texto que narra um fato do cotidiano.

☐ A linguagem está adequada à situação informal que retrata.

☐ O texto tem intenção de divertir.

☐ O texto tem a intenção de fazer o leitor pensar.

☐ O texto tem a intenção de defender uma opinião.

☐ O texto pretende principalmente despertar a emoção do leitor.

DE OLHO NO VOCABULÁRIO

1 Leia a seguir o verbete **abster**, tal como aparece num dicionário. Preste atenção nas informações que ele nos traz.

> **abster** [Do lat. *abstenere*, por *abstinere*.] V. t. d. e i. **1** Privar; impedir: A doença abstém-na de andar. P. **2** Conter-se, refrear-se: "Considerando o formulário para declaração de imposto

> de renda algo assimilável aos textos em caracteres cuneiformes, sempre me abstive religiosamente de preenchê-lo". (Carlos Drummond de Andrade, *Cadeira de Balanço*, p. 35.) **3** Deixar de intervir. **4** Privar-se (de alimento, álcool, tabaco etc.); fazer abstinência. [*Irreg. Conjug.*: v. conter.]
>
> Aurélio B. de Holanda. *Novo dicionário da língua portuguesa*. 2. ed. Rio de Janeiro: Nova Fronteira, 1986.

a) Encontre no verbete a origem da palavra **abster**.

_____

b) Encontre o significado para a expressão **abster-se de votar**.

_____

REFLEXÃO SOBRE O USO DA LÍNGUA

Variedades linguísticas

1 Observe a maneira como uma personagem do texto expôs sua opinião e responda às próximas questões.

> "A senhora vem de calça comprida, e a gente aparecemos de qualquer jeito."

a) O que chama a sua atenção nessa frase?

_____

b) Construções como essa em destaque podem aparecer na fala das pessoas quando elas se comunicam?

_____

> **Importante saber**
>
> Em nossa sociedade há falares mais prestigiados e menos prestigiados.
>
> A **norma urbana de prestígio** corresponde ao uso da língua em ambientes urbanos e costuma ser utilizada entre os falantes que possuem um maior grau de escolaridade.
>
> Mas a língua pode se manifestar em outras **variedades**, ou seja, em outras maneiras de falar e escrever tão legítimas quanto a norma de prestígio.
>
> Por ser dinâmica, a língua passa por processos naturais de mudança, variando conforme o tempo em que se vive, lugar onde se mora, idade, sexo, grau de escolaridade, circunstância em que a produzimos etc. Por isso é que temos as diferentes variedades. A essas diferentes maneiras de falar e escrever chamamos **variedades linguísticas**.
>
> Já a **norma-padrão** é um modelo ideal de língua que corresponde a um conjunto de regras ditadas pela gramática normativa. Ela serve de referência geral para os usuários da língua e é estudada na escola para que as pessoas possam usá-la de acordo com a sua necessidade e interesse.

Níveis de linguagem: formal e informal

2 Vamos continuar a reflexão: assim como ocorre com a maneira de se vestir, você acha que é possível perceber quando o jeito de falar de alguém é formal ou informal? Como?

3 No texto que acabamos de ler, encontramos palavras e expressões que costumam ser usadas em situações **informais** de comunicação. Veja.

> [...] Uniforme é **papo-furado**.
> – Porque minissaia é muito mais **bacana**.
> – Ah, **cada um na sua**.

Agora, reflita e responda.

a) Você acha que as expressões em destaque foram empregadas adequadamente pelas personagens na situação de comunicação? Por quê?

b) Se você estivesse apresentando um trabalho sobre o uso do uniforme em um seminário organizado por várias escolas, seria adequado dizer "uniforme é papo-furado"? Por quê?

c) Em que situações de comunicação não é adequado usar a expressão **papo-furado**? Assinale-as e depois justifique as suas respostas.

☐ Audiência com um juiz.

☐ Bate-papo com os amigos.

☐ Entrevista em programa de tevê destinado ao público jovem.

☐ Entrevista de emprego.

Importante saber

De acordo com a situação, a circunstância em que nos encontramos, falamos ou escrevemos de formas diferentes. Para **adequar nossa linguagem à situação de comunicação**, devemos considerar: o assunto que está sendo tratado, o estado emocional de quem se comunica, o grau de intimidade e o tipo de relação entre as pessoas (falante/ouvinte – escritor/leitor), o lugar em que se encontram etc.

Dependendo da situação de comunicação, usamos:

linguagem formal – presente em situações mais sérias, de maior formalidade: é elaborada, apresenta, geralmente, um conteúdo mais complexo e vocabulário técnico. Na linguagem formal, há maior preocupação com o uso da norma-padrão;

linguagem informal – é adequada para a fala imediata, do dia a dia. A linguagem informal é simples, espontânea. É bastante usada com familiares e pessoas íntimas.

4 E se você tivesse de usar as frases destacadas em situações formais de comunicação, como ficariam? Reescreva-as nas linhas a seguir.

_____
_____
_____

Aplicando conhecimentos

1 Leia um trecho da letra da música *Mina do condomínio*.

> Tô namorando aquela mina
> Mas não sei se ela me namora
> Mina maneira do condomínio
> Lá do bairro onde eu moro
>
> Gabriel Moura e Seu Jorge. *América Brasil: o disco.* (CD).
> EMI Records, 2006.

a) Na música *Mina do condomínio* o eu poético diz que namora uma mina. O que ele quis dizer com a palavra "mina"?

_____
_____

b) Você conhece alguém que fala de um jeito parecido com o eu poético? Comente com a turma.

_____
_____

c) A linguagem empregada na canção é formal ou informal?

_____
_____

2 Na música *Mina do condomínio*, você achou adequada a maneira como o compositor usou a língua? Por quê?

_____
_____
_____
_____

83

3 Acompanhe o diálogo a seguir e, depois, responda às questões propostas.

Senhorita Susana, por obséquio, você poderia responder a uma pesquisa sobre predileção musical?

Coitadinho, deve estar com febre alta!!! Já tá delirando!

a) Por que a fala do menino causou estranhamento às colegas?
_____
_____

b) Você achou adequada a maneira como o menino usou a língua? Por quê?
_____
_____

4 Leia o texto a seguir e responda às questões.

Qualquer coisa

22	Quarta	Maio
	Wednesday	May

A

Vende-se, Aluga-se, Troca-se

   Pai usado, em estado de novo, pouco cabelo branco, sem vícios, movido a gasolina (álcool de jeito nenhum), pega na primeira partida, não para nunca, está sempre de boa vontade, cara legal, nunca te deixa na mão, engata na primeira, segunda, terceira, quarta, quinta e até na sexta se você topar. Nunca falha aos domingos. Dá marcha à ré sempre que for preciso, deixa bater o maior vento em você, liberdade total. Faço doação no caso de nenhum interessado.

B

Vende-se, Aluga-se, Troca-se

   Mãe usada, em estado de nova, cabelos pintados recentemente, sem vícios, movida a diesel, pega na subida e na descida, topa tudo sem reclamar, te deixa folgar legal.

> Se te deixar na mão é porque você esqueceu da água, de dar uma passada no posto, de conferir esses detalhes comuns. Tem um belo estofamento, freios perfeitos, breque em cima, direção de piloto de fórmula um.
>
> Faço doação no caso de nenhum interessado.
>
> Telma Guimarães Castro Andrade. *Agenda poética*. São Paulo: Scipione, 1997. p. 56.

a) A primeira frase, nas duas partes do texto "Qualquer coisa", é: **Vende-se**, **Aluga-se**, **Troca-se**.

- Assinale a alternativa que indica a intenção com que essas expressões são usadas normalmente.

| convidar | contar uma história | anunciar algo |

b) Aparentemente, qual é o objetivo do texto?

_____

c) No texto, lemos as expressões "em estado de novo", "movido a gasolina", "pega na primeira partida", "Dá marcha à ré", "freios perfeitos", "breque em cima", "direção de piloto de fórmula um".

- A que geralmente essas expressões se referem?

☐ a pessoas ☐ a alimentos ☐ a veículos automotores

- A quem as expressões estão se referindo no texto A e no texto B?

☐ a pessoas ☐ a alimentos ☐ a veículos automotores

d) Assinale a alternativa com o gênero textual em que costumam aparecer as expressões "Vende-se", "Aluga-se" e "Troca-se."

☐ notícia ☐ poema ☐ classificado de jornal ☐ conto

e) Faça uma lista com as expressões do texto que são comuns em anúncios classificados e outra com as que não são comuns.

_____
_____
_____
_____

f) Releia a frase a seguir e responda: o que essa frase diz sobre o pai?

> "Dá marcha à ré sempre que for preciso [...]."

- Esta frase se refere à mãe. Que característica(s) ela ressalta?

> "Tem [...] freios perfeitos, breque em cima, direção de piloto de fórmula um."

g) Como você pôde perceber, o texto emprega a linguagem figurada. Esse tipo de linguagem é comum em classificados de jornal? Explique.

h) Como se trata de um classificado poético, a linguagem figurada é adequada? Justifique sua resposta.

5. Recorte e cole a seguir um classificado de jornal e sublinhe as expressões que se assemelham às que foram usadas no classificado poético.

DE OLHO NA ESCRITA

Por que, porque, por quê, porquê

Observe como os diferentes **porquês** foram empregados neste trecho do diálogo entre Dona Amarílis e um dos seus alunos no texto "Na escola".

> "– Acho que não deve – respondeu, baixando os olhos.
> – **Por quê**?
> – **Porque** é melhor não usar.
> – E **por que** é melhor não usar?
> – **Porque** minissaia é muito mais bacana."

A professora empregou a forma **por que** para fazer perguntas. O aluno empregou **porque** para dar respostas.

Agora, leia estas frases.

> – As crianças não fazem perguntas nem precisam saber os porquês?

O **porquê** (junto e com acento) aparece como sinônimo de motivo, razão; normalmente acompanhado de artigo.

> – [...] Por que a professora não conversa? Quem manda? Onde? Por quê? Como?

Emprega-se **por quê** (separado e com acento) no final da frase.

Vivemos querendo saber "os porquês", o que é muito importante. Mas precisamos também saber grafá-los corretamente.

1 Depois de ter observado os exemplos e as explicações do uso dos **porquês**, complete as afirmativas abaixo de forma adequada.

a) Usamos _____ quando aparece no início de uma frase interrogativa.

b) Usamos _____ em respostas, quando damos uma explicação.

c) Usamos _____ em perguntas, quando vier isolado no final da frase.

2 Complete as frases a seguir, empregando adequadamente **por que**, **porque**, **por quê**, **porquê**.

a) _____ você sorri azul?

b) A professora não respondeu ao comentário-pergunta de Gabriel. Não _____ não queria, mas _____ não sabia.

c) _____ eu estou sentado aqui?

d) Eu queria saber o _____ de eu estar sentado aqui.

e) Eu estou sentado aqui, _____?

3 Escreva duas perguntas para as quais você gostaria de ter respostas, utilizando a expressão **por que**. Peça a um colega que as responda.

_____
_____
_____
_____

4 Elabore duas perguntas para um adulto em que a expressão **por que** inicie a questão. Peça a alguém que as responda. Verifique se a pessoa questionada argumentou sua resposta. Observe que o emprego do **porquê** indica que o locutor da resposta está apresentando seus argumentos sobre determinado assunto.

_____
_____
_____
_____
_____
_____

PRÁTICA DE LEITURA

Agora você vai ler a história de um menino que conta como foi a sua experiência nos primeiros anos de escola. A escola onde ele esperava aprender a ler. Ele nos conta como era essa escola, a sua professora e o ensino. Mas o que será que aconteceu com ele naquele lugar? Foi lá que ele aprendeu a ler?

Texto 3 – Romance (fragmento – I)

[...] Aos nove anos, eu era quase analfabeto. E achava-me inferior aos Mota Lima, nossos vizinhos, muito inferior, construído de maneira diversa. Esses garotos felizes, para mim eram perfeitos: andavam limpos, riam alto, frequentavam escola decente e possuíam máquinas que rodavam na calçada como trens. Eu vestia roupas ordinárias, usava tamancos, enlameava-me no quintal, engenhando bonecos de barro, falava pouco.

Na minha escola de ponta de rua, alguns desgraçadinhos cochilavam em bancos estreitos e sem encosto, que às vezes se raspavam e lavavam. Nesses dias nós nos sentávamos na madeira molhada. A professora tinha mãe e filha. A mãe, caduca, fazia renda, batendo os bilros, com a almofada entre as pernas. A filha mulata, sarará, enjoada e enxerida, nos ensinava as lições, mas ensinava de tal forma que percebemos nela tanta ignorância como em nós. Perto da mesa havia uma esteira, onde as mulheres se agachavam, cortavam panos e cosiam. [...]

O lugar de estudo era isso. Os alunos se imobilizavam nos bancos: cinco horas de suplício, uma crucificação. Certo dia vi moscas na cara de um, roendo o canto de olho, entrando no olho. E o olho sem mexer, como se o menino estivesse morto. Não há prisão pior que uma escola primária do interior. A imobilidade e a insensibilidade me **aterraram**. Abandonei os cadernos e as auréolas, não deixei que as moscas me comessem. Assim, aos nove anos ainda não sabia ler.

Ora, uma noite, depois do café, meu pai me mandou buscar um livro que deixara na cabeceira da cama. Novidade: meu velho nunca se dirigia a mim. E eu, engolido o café, beijava-lhe a mão, porque isto era praxe, mergulhava na rede e adormecia. Espantado, entrei no quarto, peguei com **repugnância** o antipático objeto e voltei à sala de jantar. Aí recebi ordem para me sentar e abrir o volume. Obedeci, engulhando, com a vaga esperança de que uma visita me interrompesse. Ninguém nos visitou naquela noite extraordinária.

Meu pai determinou que eu principiasse a leitura. Principiei. Mastigando as palavras, gaguejando, gemendo uma cantilena medonha, indiferente à pontuação, saltando linhas e repisando linhas, alcancei o fim da página, sem ouvir gritos. Parei surpreendido, virei a folha, continuei a arrastar-me na gemedeira, como um carro em estrada cheia de buracos.

> Com certeza o negociante recebera alguma dívida perdida: no meio do capítulo pôs-se a conversar comigo, perguntou-me se eu estava compreendendo o que lia. Explicou-me que se tratava de uma história, um **romance**, exigiu atenção e resumiu a parte já lida. **Um casal com filhos andava numa floresta, em noite de inverno, perseguidos por lobos, cachorros selvagens. Depois de muito correr, essas criaturas chegavam à cabana de um lenhador.** Era eu ou não era? Traduziu-me em linguagem de cozinha diversas expressões literárias. Animei-me a parolar. Sim, realmente havia alguma coisa no livro, mas era difícil conhecer tudo. [...]
>
> Graciliano Ramos. *Infância*. Rio de Janeiro: Record, 2006.

Por dentro do texto

1 Por que o menino se achava inferior aos Mota Lima?

2 Como era a escola em que ele estudava?

3 No começo do primeiro parágrafo e no final do terceiro, o menino fala sobre um problema que o incomoda. Qual é esse problema?

4 Quem é o **narrador** do texto, ou seja, quem conta a história?

5 Considere a leitura que fez e responda: você acha que o texto já terminou?

___

> **Importante saber**
>
> **Narrar** é contar uma história.
>
> Em geral, nas histórias há um **narrador** que relata fatos que envolvem **personagens** que agem e dialogam em um **espaço** e durante um **tempo**. Damos o nome de espaço ao ambiente onde os fatos acontecem.
>
> A história pode ser contada na ordem dos acontecimentos ou não, dependendo da escolha de quem a narra.
>
> Quanto ao narrador, ele pode contar a história em primeira pessoa (eu) ou na terceira pessoa (ele/ela). Se ele participa da história, ou seja, se ele também é personagem, narrará em primeira pessoa (eu); mas, se ele for apenas observador, ou estiver contando algo em que não está envolvido, narrará em terceira pessoa (ele/ela).
>
> Ao conjunto de episódios que compõem a narrativa damos o nome de **enredo**.
>
> As **personagens** das histórias podem ser reais ou imaginárias (inventadas).
>
> O que faz com que as narrativas comecem é o **conflito**, também chamado de **situação-problema**. O conflito não é a mesma coisa que uma briga ou uma discussão, mas uma situação dentro da história que gera outros fatos e que faz com que a história caminhe para uma solução.
>
> A **solução** também não precisa ser sempre positiva; há muitas histórias que têm um desfecho trágico ou inesperado. O **desfecho** é o final da história.
>
> Esses são os **elementos principais de uma narrativa**. Eles aparecem em muitos contos, histórias em quadrinhos, textos teatrais, lendas, fábulas, mitos, entre outros. Experimente observar como esses elementos estão presentes nesses diferentes gêneros de texto.

REFLEXÃO SOBRE O USO DA LÍNGUA

Artigo

Releia o trecho a seguir para responder às questões.

> Aí recebi ordem para me sentar e abrir o volume. Obedeci, engulhando, com a vaga esperança de que **uma** visita me interrompesse. Ninguém nos visitou naquela noite extraordinária.

1 Assinale a alternativa correta. O narrador tinha esperança de ser interrompido por **uma** visita. Você acha que ele estava se referindo:

☐ A qualquer visita, não importasse quem fosse.

☐ À visita de alguém que ele já sabia que iria chegar.

2 Observe a transformação ocorrida na frase.

> Obedeci, engulhando, com a vaga esperança de que **a** visita me interrompesse.

• Que efeito de sentido a mudança provocou na frase?

___

Importante saber

As palavras **o**, **a**, **os**, **as**, **um**, **uma**, **uns**, **umas**, que acompanham substantivos, no singular ou plural, no masculino ou feminino, são chamadas **artigos**. Os artigos podem particularizar ou generalizar um ser de determinado grupo.

Os artigos que particularizam são chamados **definidos**. São artigos definidos: o, a, os, as.

Os artigos que generalizam são chamados **indefinidos**. São artigos indefinidos: um, uma, uns, umas.

Os artigos definidos podem particularizar um ser dentro de determinado grupo ou referir-se a um ser já conhecido. Veja.

A professora tinha mãe e filha. **A** mãe, caduca, fazia renda, batendo os bilros [...].

> Neste caso, há a informação de que se trata de uma professora em particular dentre tantos professores que existem: a professora do menino.

> Aqui, o artigo A indica a mãe da professora, que é um ser conhecido, pois já foi mencionado anteriormente.

Ora, **uma** noite, depois do café, meu pai me mandou buscar **um** livro que deixara na cabeceira da cama.

> O artigo indica uma noite qualquer entre várias noites.

> Aqui, o artigo refere-se a um livro que não é citado anteriormente.

Os artigos variam em gênero e número, de acordo com os substantivos que eles acompanham:

o livro   **os** livros
o professor   **a** professora

Saiba mais sobre esse assunto no Apêndice deste livro

Aplicando conhecimentos

1 Nos espaços indicados, insira um artigo.

Woo Sing e o espelho (uma lenda chinesa)
Recontada por Mary Davis e Cheow-Leung

_____ dia, o pai de Woo Sing chegou em casa com _____ espelho trazido da cidade grande.

Woo Sing nunca tinha visto _____ espelho na vida. Dependuraram-no na sala enquanto ele estava brincando lá fora; quando voltou não compreendeu o que era aquilo, pensando estar na presença de _____ outro menino.

Ficou muito alegre achando que _____ menino viera brincar com ele.

Ele falou muito amigavelmente com _____ desconhecido, mas não teve resposta.

Riu e acenou para _____ menino no vidro, que fazia _____ mesma coisa, exatamente da mesma maneira.

Então, Woo Sing pensou: "Vou chegar mais perto. Pode ser que ele não esteja me escutando". Mas, quando começou a andar, o outro menino logo o imitou.

Woo Sing estacou e ficou pensando naquele estranho comportamento. E disse para si mesmo: "Esse menino está zombando de mim, faz tudo o que eu faço!" E quanto mais pensava, mais zangado ficava. E logo reparou que _____ menino estava zangado também.

Isso acabou de exasperar Woo Sing! Deu _____ tapa no menino, mas só conseguiu machucar _____ mão e foi chorando até seu pai. Este lhe disse:

— _____ menino que você viu era _____ sua própria imagem. Isso deve ensinar a você uma importante lição, meu filho. Tente não perder _____ cabeça com _____ outras pessoas. Você bateu no menino no vidro e só conseguiu machucar a si mesmo. Por isso, lembre-se: na vida real, quando se agride sem motivo, _____ mais magoado é você mesmo.

Disponível em: <http://clarahaddad.blogspot.com/2008/03/uma-lenda-chinesa.html>. Acesso em: 4 mar. 2012.

2 Observe a capa desta revista.

> Como o Japão – um exemplo de tecnologia, planejamento e disciplina – enfrenta o maior terremoto de sua história

A fúria da natureza
Como o Japão - um exemplo de tecnologia, planejamento e disciplina - enfrenta o maior terremoto de sua história

Época. ed. 630. São Paulo: Globo, 12 jun. 2010.

a) Na chamada da capa da revista, há mais artigos definidos ou indefinidos? Esses artigos generalizam ou particularizam a mensagem?
___
___

b) Que classe de palavras os artigos acompanham?
___
___

c) Copie a frase em que aparece um artigo indefinido.
___
___
___
___

3 Leia a frase a seguir.

Este homem fez **um** grande governo.

a) O artigo **um** está acompanhando que classe de palavra?
___

b) Reescreva a frase substituindo a palavra "este" por um artigo.
___

c) Como você organizaria as palavras a seguir para dizer que a turma de Marcos o considera um herói?

> herói   Marcos   turma   é   o   grande   da

_____

4 Explique com suas palavras o que é artigo definido e artigo indefinido. Utilize, para cada caso, uma frase que sirva de exemplo, para deixar sua explicação ainda mais clara.

_____
_____
_____

PRÁTICA DE LEITURA

Texto 4 – Romance (fragmento – II)

Gabriel Ternura

Gabriel, Rafa e os filhos do homem que trabalhava no computador entraram para a escola.

O prédio era feio, velho, sujo e malcuidado. Em nenhum lugar poder-se-ia encontrar maior desmazelo. As paredes haviam perdido a cor; o reboco, em algumas partes caído, deixava à vista os tijolos desanimados pelo peso das telhas. Os móveis jaziam sem vontade de receber as crianças. Mesmo a professora, ranzinza e doente dos pulmões, dava a impressão de total desarranjo e desinteresse pelo trabalho. Nenhum cartaz ou mural quebrava o pesado ar de decadência da escola.

Apesar da aparência, eles quiseram frequentar essa escola.

Logo nos primeiros instantes de participação na escola, Gabriel estranhou que a professora não conversava nem olhava para as crianças. Todas estavam quietas, mudas, sem interesse por tudo que rodeava o ambiente. Tampouco as crianças perguntavam alguma coisa para a professora. Ele quis saber o motivo e perguntou à mestra:

As crianças não fazem perguntas nem precisam saber os porquês?

– Os adultos sabem por elas e seus manuais trazem tudo pronto e respondido. A elas cabe apenas a tarefa de conviver uma com a outra.

– Conviver!? A senhora chama isto de conviver?? Como?? Alguém aqui sabe quem é o colega do lado e o que ele faz aqui?

A professora não respondeu ao comentário-pergunta de Gabriel. Não porque não queria, mas porque não sabia. Cansada pelo esforço que seu fraco pulmão fizera para responder à pergunta, nem levantou os olhos para Gabriel.

Gabriel pegou a aquarela e com o pincel desenhou sobre a mesa um lindo ramalhete de margaridas que ofereceu à desconfiada professora.

Ela o pegou e agradeceu. Olhou admirada e com desconfiança para aquelas flores brancas e simpaticamente bonitas.

No instante seguinte, Gabriel deu vida amarela e azul ao velho prédio da escola. Pintou trepadeiras nas paredes e um abacateiro carregadinho de frutas na porta de entrada. As plantas davam novo alento ao ambiente. O ventinho leve do balanço das folhas trazia pequenas doses de satisfação à criançada ali presente. O verde da trepadeira esparramava-se nos buracos da parede cobrindo o desânimo dos tijolos. Mas faltava ainda alguma coisa.

– Os risos, Rafa! – lembrou Gabriel.

Rafa saiu um instante e voltou com os alegres companheiros do Depósito de Risos: ali estavam, para voltar aos lábios das crianças, os sorrisos, os risos, as risadas e as gargalhadas. A professora nada entendia, acostumada que era com o passar monótono e pacato dos dias. Menos ainda entendeu quando seus discípulos começaram a sorrir à boca aberta e a sala coloriu-se de um azul suave vindo do rosto de Rafa. Entusiasmada, esquecida dos pulmões doentes, gritou:

– Oba! Como você fez isto?

– Com amor, professora – respondeu Gabriel.

– Ah! – fez ela, coçando o birote dos cabelos, continuando a não entender coisa alguma.

E em meio a toda aquela algazarra de alegria e colorido, Gabriel abriu o gargalo da garrafa e deixou as bocas voltarem aos seus donos. – Por que você sorri azul? Quem é você?

– Por que eu estou sentado aqui? Como vim parar aqui? Que livro é este? Por que esta cor?

– Por que a professora não conversa?

– Quem manda? Onde? Por quê? Como?

E a escola voltou a sorrir e a responder às perguntas das crianças. "Isso é muito bom" – pensou Gabriel.

É a escola que começa a responder às primeiras inquietações espirituais dos futuros homens e criar outras perguntas que a própria vida responderá.

Edson Gabriel Garcia. *Gabriel Ternura*. São Paulo: Loyola, 1982.

Por dentro do texto

1 De acordo com o texto, como é a relação da professora com os alunos?

2 Releia o seguinte parágrafo, em que se apresentam as descrições da escola e da professora.

"O prédio era feio, velho, sujo e malcuidado. Em nenhum lugar poder-se-ia encontrar maior desmazelo. As paredes haviam perdido a cor; o reboco, em algumas partes caído, deixava à vista os tijolos desanimados pelo peso das telhas. Os móveis jaziam sem vontade de receber as crianças. Mesmo a professora, ranzinza e doente dos pulmões, dava a impressão de total desarranjo e desinteresse pelo trabalho. Nenhum cartaz ou mural quebrava o pesado ar de decadência da escola."

a) No texto há várias expressões usadas no sentido figurado. Identifique-as.

b) Por que podemos dizer que essas expressões estão em sentido figurado?

c) Que efeitos de sentido essas expressões figuradas provocaram no texto?

d) A que classe gramatical pertencem as palavras **feio**, **velho**, **sujo** e **malcuidado**, usadas na primeira frase desse parágrafo? Para que servem as palavras dessa classe gramatical?

3 Esse parágrafo foi construído para que o leitor visualizasse a escola e a professora. Que adjetivos colaboraram para que esse objetivo fosse atingido? Dê exemplos.

_____

_____

- O trecho do texto em destaque é predominantemente descritivo ou narrativo? Justifique sua escolha.

_____

_____

4 Preencha os espaços com informações retiradas do trecho destacado na questão 2.

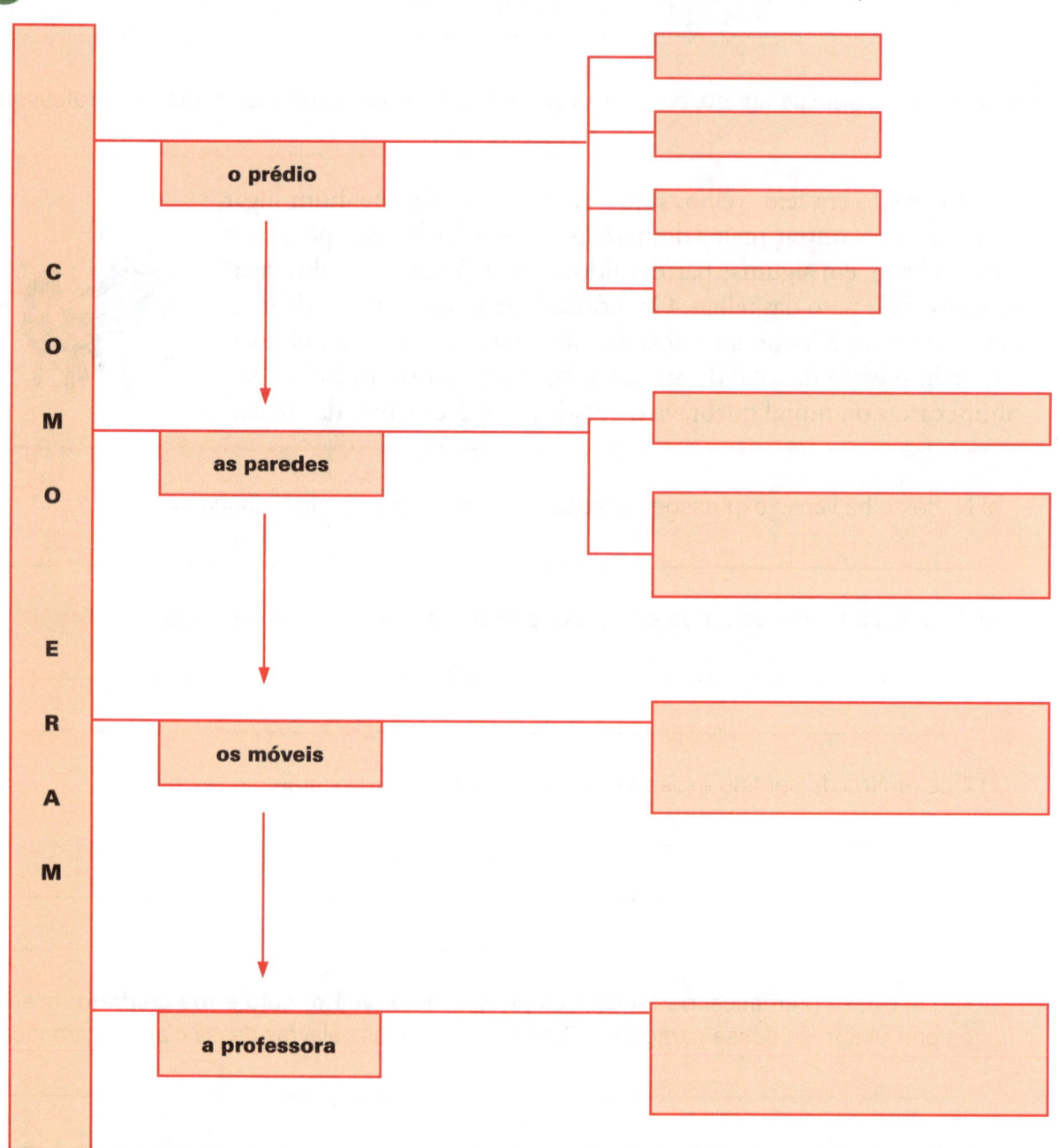

COMO ERAM

- o prédio
- as paredes
- os móveis
- a professora

> **Importante saber**
>
> As **descrições** são importantes em vários gêneros de texto.
>
> Num conto, por exemplo, por meio da descrição, o autor apresenta as **características** do lugar, das personagens, de tudo o que é importante para a criação do clima da narrativa: imagens, sentimentos etc. Assim ele cria expectativas, "prende" o leitor à história, envolvendo-o na trama.
>
> Um texto pode ser **mais descritivo** ou **mais narrativo**. Isso dependerá da intenção de seu autor.
>
> Observe o esquema, acima, do texto "Gabriel Ternura". Em primeiro lugar, o texto expressa uma ideia geral do ambiente (feio, velho e sujo).
>
> Em seguida, o texto começa a descrever cada parte desse mesmo ambiente a fim de que o leitor tenha uma imagem mais clara do lugar. Ele parte do mais geral (prédio) para os aspectos mais particulares (paredes, móveis).
>
> Depois descreve a personagem que está nesse ambiente, compondo o mesmo quadro de abandono do lugar.
>
> Como conclusão, retoma a ideia geral apresentada no início do parágrafo, chamando a atenção para o estado de decadência da escola.
>
> Portanto, nem sempre basta dizer que "um ambiente é feio ou bonito"; ao se fazer uma descrição, é preciso dar detalhes do lugar, para que o leitor consiga imaginá-lo. E, para que você não se perca na hora de escrever, faça um plano, um pequeno esquema.
>
> Quando estiver sem ideias, escreva tudo que vier ao pensamento. Depois selecione o que você achou mais interessante. Em seguida coloque as frases em ordem e desenvolva em um parágrafo cada uma das ideias selecionadas.

Aplicando conhecimentos

A **observação** é uma das habilidades essenciais para se elaborar uma boa **descrição**. Desenvolva-a, fazendo a próxima tarefa.

Orientações

- Observe a pintura na página seguinte em todos os seus detalhes – cor, ambiente, personagens.

- Crie um texto e reproduza por meio de palavras todos os detalhes que você observar na pintura.

- Enumere o máximo de características possíveis e, depois, organize essas características de tal maneira que qualquer leitor seja capaz de recriar a imagem na tela do pensamento.

- Faça uso da linguagem figurada. Lembre-se também de expressar as sensações provocadas pelos órgãos dos sentidos (visão, olfato, audição, tato e paladar).

Barbara Rochlitz. 2007. *Brincando*. Óleo sobre tela, 30 cm x 50 cm.

PRÁTICA DE LEITURA

Texto 5 – Relato de memória

Antes de ler

Você sabe o que é um relato de memórias? Converse com seus colegas e o professor para levantar algumas ideias.

Agora, leia um relato de memórias do escritor e desenhista Ziraldo, conhecido pela criação de personagens famosos, como o Menino Maluquinho.

Sua presença em minha vida foi fundamental

Engraçado, eu não tenho um professor inesquecível. Tenho muitos professores inesquecíveis. A primeira professora que minha memória grava não tinha carinho comigo. Botava todos os meninos branquinhos no colo, mas a mim, não. Um dia, sentei no colo dela por minha conta e ela me botou no chão. (Deve ser por isso que até hoje sou maluco por colo feminino...) Era uma escola particular, papai não tinha como pagar as mensalidades, era o patrão dele quem pagava. Vai ver, daí vinha minha falta de prestígio com a professora. Devia ter esquecido o nome dela, mas não esqueci. Ela se chamava Dulce, mas não era nada doce.

Felizmente, não fiquei muito tempo nessa escola, mas, por causa dela, vim vindo pela vida curtindo uma enorme carência afetiva. Que consegui transformar em desenhos, livros, peças de teatro, logotipos, cartazes e ilustrações –

100

tudo a preços módicos. (Pelo menos no início. Agora, depois da fama, a preços mais condizentes. Com a fama...)

Minha segunda professora marcante foi dona Glorinha d'Ávila, mãe do poeta e escritor mineiro João Ettiene Filho. Ela era discípula de Helena Antipoff, que revolucionou o ensino básico de Minas na década de 40. Dona Helena percebeu logo que não dava pra mudar a cabeça das professoras mineiras, que tinham ainda penduradas na parede da sala de aula as assustadoras palmatórias. Então, formou 150 jovens idealistas e as espalhou por Minas Gerais, com a missão de mudar a escola por dentro. Uma dessas jovens era a dona Glorinha, que, entre outras coisas e contra a vontade das velhas professoras do Grupo Escolar e de sua rabugenta diretora, retirou a palmatória furadinha da parede de minha classe. Só mais tarde foi que percebi a luta de dona Glorinha. Que ela venceu. Descobrindo – bem mais tarde – que sua presença em minha vida tinha sido fundamental para que não a perdesse por aí. A vida, digo. Um domingo, fiz a primeira comunhão e não ganhei santinho. Na segunda-feira, ela mandou me chamar na secretaria. "Você fez primeira comunhão ontem, não fez?" Como é, meu Deus, que uma pessoa adulta, tão importante, pôde prestar atenção num menininho pardo fazendo primeira comunhão naquela catedral tão grande? (Pois minha cidadezinha tinha catedral...) Ela aí perguntou: "Você ganhou um santinho de recordação?" Não havia ganho, não.

Aí, ela abriu a gaveta, tirou um santinho lindo e escreveu uma dedicatória onde li as palavras "brilhante" e "futuro" que, na hora, não fizeram o menor sentido para mim. Somente um pouco mais tarde descobri que ela sabia tudo da minha vida, vinha me observando no meio de centenas de alunos do velho Grupo e até já havia mandado chamar meu pai pra conversar...

Engraçado, agora, remoendo essas lembranças, descubro que tive uma professora maluquinha, sim. Foi a dona Glorinha d'Ávila, tão pequeninha, tão frágil, tão bonitinha...

Nova Escola. São Paulo: Abril, set. 1998.

Por dentro do texto

1 Por que a primeira professora do narrador é inesquecível para ele?

_____

_____

2 A professora Helena Antipoff revolucionou o ensino básico de Minas na década de 1940.

a) Com que objetivo ela provocou essa revolução?

_____

_____

101

b) Como ela conseguiu atingir seu objetivo?

___

3 Além dos adjetivos **maluquinha**, **pequeninha**, **frágil** e **bonitinha** apresentados por Ziraldo no último parágrafo de seu texto, podemos perceber por meio do contexto outras características de dona Glorinha. Releia o relato de Ziraldo e identifique outros dois adjetivos que possam descrever dona Glorinha. Justifique suas escolhas.

___

4 Observe a frase abaixo em que Ziraldo se refere a dona Glorinha.

> "Só mais tarde foi que percebi a luta de dona Glorinha. Que ela venceu. Descobrindo – bem mais tarde – que sua presença em minha vida tinha sido fundamental para que não a perdesse por aí. **A vida, digo**."

a) Por que o narrador afirma que dona Glorinha venceu?

___

b) Que atitudes dessa professora fizeram com que ela fosse fundamental na vida dele?

___

5 Compare: em que aspectos se diferenciam as professoras Dulce e Glorinha?

___

6 Releia outro trecho do texto.

> "Somente um pouco mais tarde descobri que ela sabia tudo da minha vida, vinha me observando no meio de centenas de alunos do velho Grupo e até já havia mandado chamar meu pai pra conversar..."

- Que ação da professora, além da descrita acima, confirma que ela já intuíra que o narrador teria um futuro promissor?

___

7 No texto, o narrador dá sua opinião sobre as professoras. Localize esses trechos e transcreva-os abaixo.

_____

_____

8 Retire do texto as palavras ou expressões que indicam que o narrador conta fatos que aconteceram no passado.

_____

_____

9 Em sua opinião, por que as pessoas costumam produzir relatos orais ou escritos?

_____

REFLEXÃO SOBRE O USO DA LÍNGUA

Numeral

1 Releia este trecho do relato de Ziraldo sobre uma das ações de Helena Antipoff que formou novas professoras e as espalhou por Minas Gerais.

> "Então, formou 150 jovens idealistas [...]"

a) Para completar a frase abaixo, identifique e escreva por extenso o numeral que revela o grande número de professoras que Helena Antipoff formou.

Então, formou _____ jovens idealistas [...]

b) A professora Glorinha d'Ávila foi uma das discípulas de Helena Antipoff. Volte ao texto e escreva por extenso em que década esse fato aconteceu. Complete a frase, escrevendo a informação numérica por extenso.

Ela era discípula de Helena Antipoff, que revolucionou o ensino básico de Minas na década de _____.

c) Responda: essas informações numéricas são importantes nesse relato? Justifique sua resposta.

_____

2 Releia estas frases retiradas do relato de Ziraldo.

> "A **primeira** professora que minha memória grava não tinha carinho comigo."
> "Minha **segunda** professora marcante foi dona Glorinha d'Ávila, mãe do poeta e escritor mineiro João Ettiene Filho."

103

- As palavras destacadas indicam o quê?

_____

3 Ao estudar matemática, você já deve ter se deparado com situações-problema parecidas com a apresentada a seguir.

> Paula ganha o **triplo** do que ganha Janete. Carlos, no entanto, ganha o **dobro** de Paula. Quanto ganha Carlos em relação a Janete?
>
> *Superinteressante*. São Paulo: Abril, out. 1991.

a) Que palavras do problema de matemática indicam multiplicação?

_____

b) Responda à questão proposta no problema.

_____

Importante saber

- As palavras que indicam número pertencem à classe gramatical dos numerais. Ao indicar **quantidade**, são chamadas de **numerais cardinais**. Por exemplo:
  A bolsa tinha **sete** filhos.

- Há casos em que o numeral indica **ordem**. São os **numerais ordinais**. Veja um exemplo.
  Na **terceira** noite fui buscar o livro espontaneamente, mas o velho estava sombrio e silencioso.

- Os numerais também podem indicar multiplicação. São chamados **numerais multiplicativos**. Exemplo:
  Paula ganha o **triplo** do que ganha Janete.

- E fração, quando indicam **parte** de um todo. São os **numerais fracionários**:
  Paula ganha **metade** do que ganha Carlos.
  Janete ganha **um terço** do que Paula ganha.

Portanto, os numerais podem ser **cardinais**, **ordinais**, **multiplicativos** e **fracionários**.

Saiba mais sobre esse assunto no Apêndice deste livro.

4 Observe as palavras em destaque, ao ler as próximas frases.

Frase 1: Na bolsa eu guardei **um** alfinete de fralda que eu tinha achado na rua [...]
Frase 2: A bolsa tinha apenas **um** zíper.

- Em qual das duas frases a palavra **um** indica quantidade? Como você chegou a essa conclusão?

_____

_____

> **Importante saber**
>
> A palavra **um** nem sempre é um artigo indefinido. Essa palavra também pode ser um numeral quando servir para indicar quantidade, como vimos na frase 2.

Aplicando conhecimentos

1 Releia estes trechos retirados do relato de Ziraldo.

> "Ela era discípula de Helena Antipoff, que revolucionou o ensino básico de Minas na década de 40."
>
> "Na segunda-feira, ela mandou me chamar na secretaria. "'Você fez primeira comunhão ontem, não fez?'"

a) A que o narrador se refere quando usa a expressão "década de 40"?
_____

b) Transcreva da frase 2 as palavras que indicam ordem.
_____

c) Como se classifica o numeral encontrado na frase 2?
_____

2 Observe a folha de cheque a seguir, verificando para que servem os numerais e as informações que aparecem nela.

- Na folha de cheque a seguir, crie nome e endereço para o banco e os números que aparecem no alto do cheque. Mas você tem alguns desafios para cumprir:

a) O número do cheque deve corresponder (seguindo a ordem) ao número seguinte daquele apresentado na folha-modelo.

b) O CPF deve conter a mesma quantidade de números.

c) O cheque deve ser preenchido com o dobro do valor indicado na folha-modelo.

d) A data deve ser o décimo dia do segundo mês do ano 13 do século XXI.

e) Os números da agência e conta devem ser menores do que os apresentados na folha-modelo.

f) Não se esqueça de preencher o canhoto.

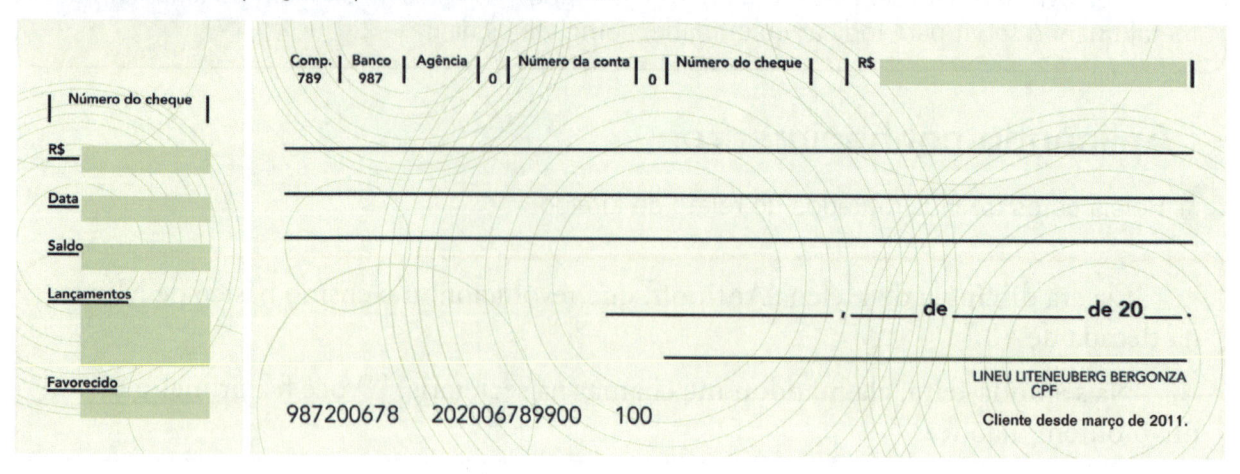

3 Você ainda não pode usar cheques, mas se tivesse de preencher algumas folhas deles, como escreveria por extenso os próximos valores?

R$ 100,10   R$ 314,65   R$ 1.650,25   R$ 99,19

_____
_____
_____

4 Leia este trecho de uma notícia.

> A Região Sudeste, apesar de ter alguns dos estados mais ricos do país, não apresenta as maiores médias [de desempenho escolar] se observadas as redes públicas de São Paulo, Minas Gerais, Rio de Janeiro e Espírito Santo. No caso de leitura, 54,4% dos alunos das escolas estaduais e municipais desses estados aprenderam os conteúdos estipulados. Em escrita, essa taxa cai para 53,8% e, em matemática, piora ainda mais: 35,6%.
>
> A situação melhora nas redes privadas do Sudeste. No caso de leitura, por exemplo, 85,1% das crianças estão com o aprendizado satisfatório.
>
> Mariana Mandelli. *O Estado de S. Paulo*, 26 ago. 2011. Disponível em: <http://www.estadao.com.br/noticias/impresso, nas-escolas-particulares-de-sp-alfabetizacao-ocorre-no-1-ano,763849,0.htm>. Acesso em: 16 fev. 2012.

a) Que informações numéricas apresentadas nesse trecho se encontram também no gráfico (texto 1 deste capítulo)?

_____
_____
_____

b) Copie do gráfico do início deste capítulo os numerais ordinais e explique o que eles indicam no gráfico.

_____

5 Você observou quantos textos deste capítulo trazem numerais? Releia o final da crônica "Na escola" e continue refletindo sobre o papel que essa classe de palavras pode ter em um texto.

> "Respeita, não respeita, a discussão esquentou, Dona Amarílis pedia ordem, ordem, assim não é possível, mas os grupos se haviam extremado, falavam todos ao mesmo tempo, ninguém se fazia ouvir, pelo que, com quatro votos a favor de calça comprida, dois contra, e um tanto-faz, e antes que fosse decretada por maioria absoluta a abolição do uniforme escolar, a professora achou prudente declarar encerrado o plebiscito, e passou à lição de História do Brasil."

a) Quando Dona Amarílis pede: "Ordem, ordem!", está se referindo à falta de organização dos alunos para falar. Que tipo de ordem poderia ser sugerido para o plebiscito?

_____

b) Que numerais poderiam servir para que a professora indicasse quem começa a falar e quem continua na sequência?

_____

c) Que numerais serviram para indicar o resultado da votação do plebiscito?

_____
_____
_____

6 Permaneçam em dupla e leiam o problema a seguir.

- Agora, retire do texto os seguintes numerais.

a) Dois numerais cardinais.
_____

b) Um numeral multiplicativo.
_____

c) Depois de localizar e transcrever os numerais, tente resolver o problema, junto com seu colega de turma. Em seguida, confira o resultado com o professor.

Altos e baixos

Na figura abaixo veem-se quatro fósforos pequenos e quatro grandes. Estes são iguais ao dobro do tamanho daqueles. Como arranjá-los de modo a obter exatamente três quadrados iguais? Não vale sobrar fósforo, ou parte dele, fora de algum quadrado.

Superinteressante. São Paulo: Abril, ano 12, n. 8, ago. 1998.

107

PRODUÇÃO DE TEXTO

Ziraldo fez um relato sobre seus mestres inesquecíveis. E você, de que professores se lembra até hoje? Qual foi a importância dele(s) na sua vida?

Faça você também um relato de memórias. Nele fale sobre o momento que você vivia na escola e descreva seu professor, indicando as suas características, o seu jeito de ser e como eram as suas aulas.

Além de descrevê-lo, procure também relatar uma experiência significativa com esse professor.

PLANEJE SEU TEXTO

Responda a cada um dos itens do quadro como modo de planejamento. Amplie o número de itens, se precisar. Verifique se cumpriu o planejado na hora de avaliar o texto.

PARA ESCREVER O RELATO DE MEMÓRIAS	
1. Qual é o público leitor do texto?	
2. Que linguagem vou empregar?	
3. Qual é a estrutura que o texto vai ter?	
4. Onde o texto vai circular?	

ORIENTAÇÕES PARA A PRODUÇÃO

1. Ao elaborar sua produção, você vai escrever de acordo com as características do gênero textual que vai produzir. Nesse caso, você produzirá um **relato de memórias**.
2. É importante fazer sempre um planejamento, ou seja, organizar as ideias no papel. Da mesma forma que um engenheiro precisa de uma planta para construir um prédio, você precisa de um plano de trabalho para construir o próprio texto. Assim, anote em uma folha os fatos que achar importante relatar. Decida em que ordem pretende contá-los.
3. Verifique que elementos precisam de uma descrição mais detalhada para que o leitor possa compreender o que você quer transmitir. Às vezes, são as personagens que participam da narrativa, outras são os espaços que precisam ser destacados, como a escola, no texto "Gabriel Ternura". Também podem ser situações interessantes: comoventes, inusitadas, engraçadas etc.
4. Escreva o texto em primeira pessoa (eu). Procure expressar seus sentimentos e suas opiniões em relação ao que relata.
5. Observe se está localizando os fatos no tempo e no espaço, quando isso for importante.

AVALIAÇÃO E REESCRITA

1. Vá fazendo uma avaliação do texto no decorrer de sua produção e vá conferindo:
    a) Seu texto está sendo produzido com base nos itens do quadro de planejamento? Foi escrito em primeira pessoa?
    b) A ordem em que os fatos estão sendo apresentados, no tempo e no espaço, torna-o um texto coerente?

c) Verifique se detalhou alguns fatos ou pessoas que merecem destaque no relato.

d) Há algum fato importante que você tenha esquecido de relatar? Caso isso tenha ocorrido, faça mudanças no texto que possibilitem essa inclusão.

2. Não se esqueça: o seu texto tem o objetivo de comunicar algo. Verifique se está conseguindo cumprir o que planejou.

3. Faça uma revisão ortográfica usando o dicionário para conferir a grafia das palavras.

4. Orientado pelo professor, verifique se organizou o texto em parágrafos, revise a pontuação. Depois, passe a limpo a sua produção, leia-a e divulgue-a, conforme o meio de circulação combinado com o professor.

LEIA MAIS

Nesta unidade, você leu um texto de Ziraldo. No contexto da temática deste capítulo, experimente conhecer mais sobre a "Professora maluquinha", uma das personagens criadas por esse cartunista cheio de ideias.

Por fim, se você gostou de ler relatos de memória, procure ler biografias e autobiografias. Há muitas, sobre pessoas que fizeram a diferença no mundo da ciência, da educação, na área de direitos humanos, no mundo das artes. Converse com seus colegas sobre as leituras que eles estão fazendo para obter mais informações de livros e textos interessantes.

PREPARANDO-SE PARA O PRÓXIMO CAPÍTULO

Você gosta de ver fotografias? Então, divirta-se, emocione-se com a próxima tarefa.

Escolha, dentre os álbuns de fotografias de sua família, duas fotos que retratem um encontro familiar (aniversários, casamentos etc.), de preferência com seu pai, sua mãe, seus avós. Escolha uma foto bem antiga (antes do seu nascimento) e outra mais atual, em que você esteja presente.

Pergunte a seus pais ou avós a respeito das fotos, principalmente sobre a mais antiga. Peça-lhes também para contar a história dessas fotos e anote o relato em seu caderno, colocando como título "Álbum de família".

Aproveite a oportunidade para ouvir histórias vividas por sua família. Faça perguntas a eles sobre o ano de nascimento deles e sobre o lugar onde nasceram, como foi a infância deles, como e quando seus pais ou avós se conheceram. Peça-lhes para contar um fato marcante na vida deles e um grande sonho que ainda gostariam de realizar. Coloque toda a sua curiosidade em ação... e divirta-se com as histórias familiares!

Capítulo 2 — EM FAMÍLIA

PRÁTICA DE LEITURA

Antes de ler

O próximo texto que você lerá é uma charge do cartunista Ivan Cabral. **Charge** é um "desenho humorístico, com ou sem legenda ou balão, geralmente veiculado pela imprensa e tendo por tema algum acontecimento atual, que comporta crítica e focaliza, por meio de caricaturas, uma ou mais personagens envolvidas" (*Dicionário Houaiss da Língua Portuguesa*. Rio de Janeiro: Objetiva, 2001).

Texto 1 – Charge

Ivan Cabral, 1 jun. 2011.

Por dentro do texto

1 Descreva o que você vê na charge, considerando as seguintes questões:

a) Quantas pessoas aparecem na imagem?

_____
_____

b) O que elas estão fazendo?

_____
_____

c) Como estão vestidas?

_____
_____

d) Em que lugar se encontram?

_____
_____

2 Converse com seus colegas e com seu professor sobre os dois diferentes sentidos do termo rede social em que nos faz pensar a charge.

PRÁTICA DE LEITURA

Na leitura que você fará agora, a personagem principal chama-se Carol. Ela é uma adolescente muito inquieta e esperta. Talvez você goste de conhecê-la e se identifique com o conflito vivido por ela.

Texto 2 – Página de agenda

Antes de ler

1. Observe os detalhes da página do texto. Você conhece esse tipo de página? De onde você acha que ela foi retirada?

2. Há algum lugar onde você escreve os seus segredos? O que acha do hábito de escrever num lugar só seu, a que ninguém mais tem acesso?

3. Você já escreveu textos para falar de seus sentimentos? Em caso afirmativo, de que sentimentos costuma falar?

SEGUNDA-FEIRA

Cheguei do vôlei e tinha uma surpresa na minha cama. Um monte de bombons da loja de que eu mais gosto! E uma cartinha da minha mãe. Viu só, diário, que maneiro? Eu confesso que também estava triste, não gosto de ficar brigada com a minha mãe. Eu gosto muito dela. No fundo, ela é bem legal, diferente das outras mães que eu conheço. Mas, dessa vez, ela ultrapassou todos os limites. Isso aí que ela fez, de vir ao meu quarto e mexer em tudo, foi muito errado e ela tinha que me pedir desculpas. E da minha agenda, ela não podia nem ter chegado perto! Foi a maior invasão do mundo!! Achei péssimo! A sorte é que ela não leu nada! Pôxa, aqui é o único espaço que eu tenho e que é só meu, escrevo só as minhas coisas íntimas, não quero que ninguém nunca leia!! Ia morrer de tanta vergonha. Bom, agora, você me dá licença, diário, que eu vou atacar esses bombons. A mamãe comprou todos os meus favoritos!!!!!!

Arrebentou!! Nhac!!

A CARTINHA DA MINHA MÃE É ESSA AQUI Ó:

Minha filhota querida,
Fiquei muito chateada com a nossa briga. Gosto muito de você. Ontem fiquei muito triste porque você não quis falar comigo. Pensei no que aconteceu e queria lhe pedir desculpas. Disse coisas horríveis para você, minha filha. É que acabei ficando nervosa. Mas você tem razão, Carol, o seu quarto é o seu espaço e deve ser do jeito que você quer. Só queria que você não deixasse bagunçado demais porque me incomoda. Quanto às suas coisas, eu prometo que nunca mais vou mexer em nada. Abri a sua agenda por acaso, nem li nada, foi só uma curiosidade, de mãe que se preocupa com a filha. Não sabia que você ia ficar com tanta raiva. Mas prometo, de verdade, que nunca mais vou abrir sua agenda. Me desculpe por ter invadido o seu espaço.
Vamos fazer as pazes.
Da sua mãe que muito adora você.
Eugênia

Inês Stanieri. *A agenda de Carol*. Belo Horizonte: Leitura, 2007.

Por dentro do texto

1 Descreva como você imagina Carol fisicamente.
_____
_____
_____

2 Como se sentia Carol, na segunda-feira, ao escrever? Explique.
_____
_____
_____

3 De acordo com a carta da mãe de Carol, a menina teve os seus segredos descobertos? Por quê?
_____
_____

4 Observe esta capa de livro.

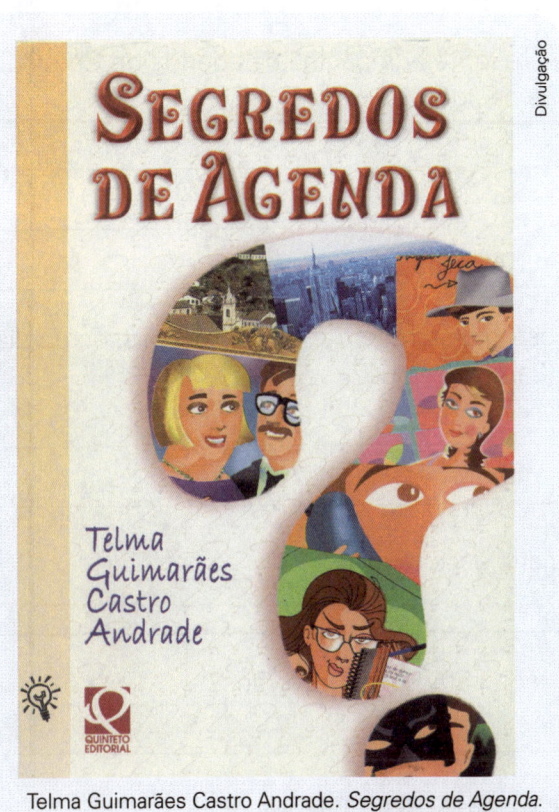

Telma Guimarães Castro Andrade. *Segredos de Agenda*.
São Paulo: Quinteto, 2003.

a) A ilustração dessa capa forma um sinal de pontuação. Qual é ele?

b) Qual é a relação desse sinal de pontuação com o título do livro?

c) O título desse livro tem alguma relação com os fatos ocorridos com Carol, principalmente com a raiva que sentiu da mãe? Por quê?

Texto e construção

1. Que elementos aparecem na página da agenda, além do texto escrito?

2. Por que eles estão presentes na página da agenda de Carol? Em sua opinião, por que Carol colou a carta da mãe na agenda?

3. Em uma agenda, costuma-se registrar os compromissos do dia a dia. É isso o que está anotado na agenda de Carol? Por quê?

- Como você chamaria esse texto?

4. Ao escrever, Carol usou parágrafos ou versos?

5. E o texto da mãe dela, como está organizado?

6 Ao escrever, Carol se dirige a alguém? Copie do texto o trecho que confirma a sua resposta.
_____
_____
_____

7 Os textos da Carol e os da mãe foram escritos com o mesmo objetivo, ou seja, com a mesma intenção? Explique sua resposta.
_____
_____
_____

8 A linguagem utilizada na agenda é formal ou informal? Copie exemplos que justifiquem sua resposta.
_____
_____
_____

Importante saber

O **diário íntimo** é um gênero de texto no qual quem escreve conta os acontecimentos do seu dia a dia. Recebe esse nome justamente por isso. Hoje em dia, os adolescentes costumam escrever textos desse tipo em suas agendas.

No texto apresentado, Carol usa a **página da agenda** para contar sobre os sentimentos, as emoções e a razão de seu desentendimento com a mãe no dia anterior. Seu texto foi organizado em parágrafos e a data não foi colocada por quem escreveu porque já aparece na agenda.

O diário costuma ser escrito na linguagem informal.

9 Transcreva do texto de Carol trechos que expressam as emoções e os sentimentos solicitados a seguir.

a) alegria
_____
_____

b) descontentamento
_____
_____

c) alívio
_____
_____

- Ao transcrever as palavras, você usou aspas? Por quê?

_____

_____

REFLEXÃO SOBRE O USO DA LÍNGUA

Pronome pessoal e pronome possessivo

1 Observe as palavras destacadas na carta da mãe de Carol. Essas palavras estão se referindo a nomes. Mas a que nomes? Para responder, leia as perguntas dos quadros.

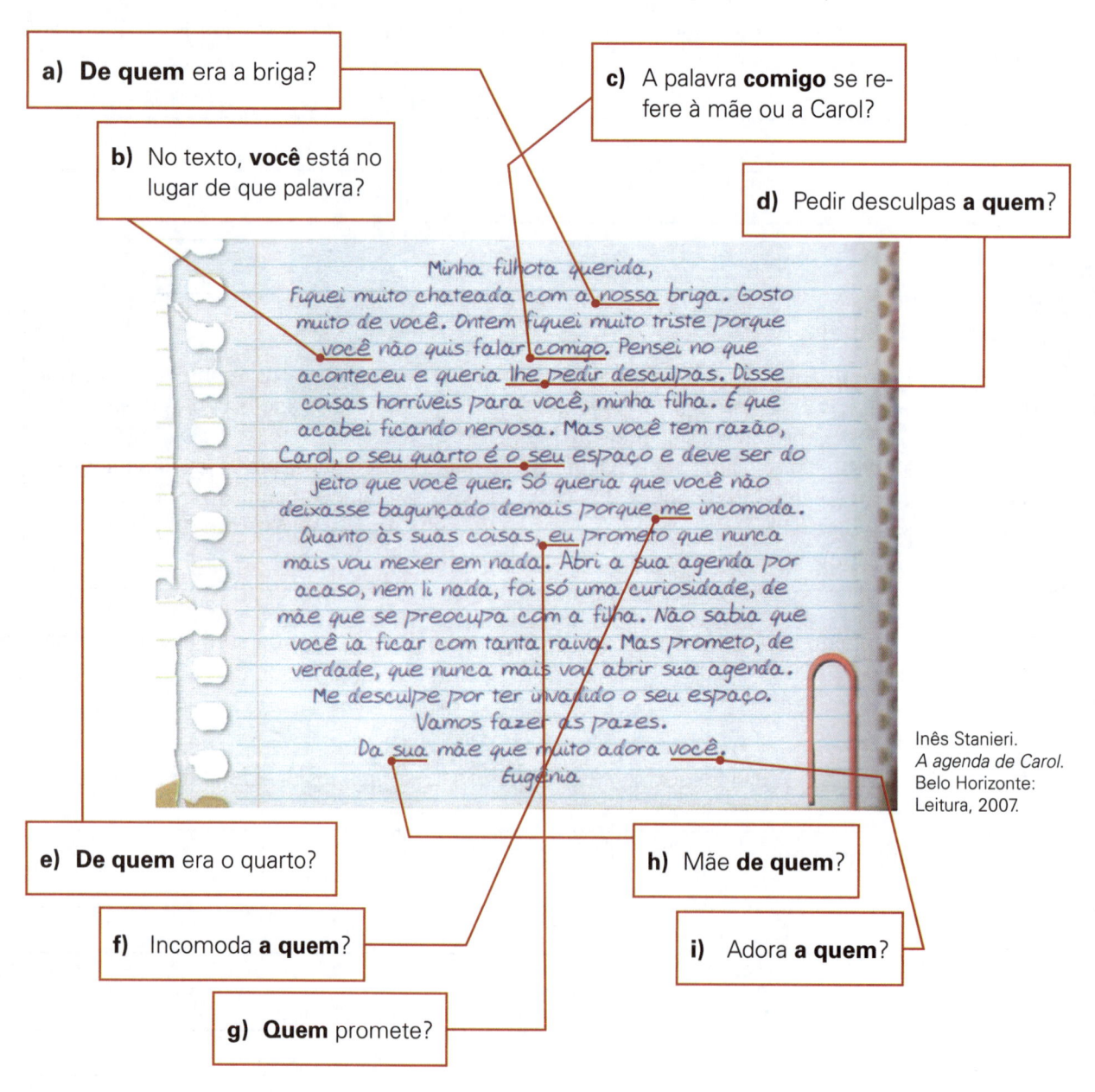

a) **De quem** era a briga?

b) No texto, **você** está no lugar de que palavra?

c) A palavra **comigo** se refere à mãe ou a Carol?

d) Pedir desculpas **a quem**?

> Minha filhota querida,
> Fiquei muito chateada com a nossa briga. Gosto muito de você. Ontem fiquei muito triste porque você não quis falar comigo. Pensei no que aconteceu e queria lhe pedir desculpas. Disse coisas horríveis para você, minha filha. É que acabei ficando nervosa. Mas você tem razão, Carol, o seu quarto é o seu espaço e deve ser do jeito que você quer. Só queria que você não deixasse bagunçado demais porque me incomoda. Quanto às suas coisas, eu prometo que nunca mais vou mexer em nada. Abri a sua agenda por acaso, nem li nada, foi só uma curiosidade, de mãe que se preocupa com a filha. Não sabia que você ia ficar com tanta raiva. Mas prometo, de verdade, que nunca mais vou abrir sua agenda. Me desculpe por ter invadido o seu espaço.
> Vamos fazer as pazes.
> Da sua mãe que muito adora você.
> Eugênia

Inês Stanieri. *A agenda de Carol*. Belo Horizonte: Leitura, 2007.

e) **De quem** era o quarto?

f) Incomoda **a quem**?

g) **Quem** promete?

h) Mãe **de quem**?

i) Adora **a quem**?

2 As palavras em destaque na carta são chamadas de pronomes. De acordo com o que você pôde perceber, por que elas são importantes?

Importante saber

As palavras que servem para se referir a nomes, para representá-los ou substituí-los são chamadas de **pronomes**.

São **pronomes pessoais do caso reto**:

Eu	– 1ª pessoa do singular		Nós	– 1ª pessoa do plural
Tu	– 2ª pessoa do singular		Vós	– 2ª pessoa do plural
Ele	– 3ª pessoa do singular		Eles	– 3ª pessoa do plural

Nas situações de comunicação, os pronomes servem para indicar a(s) pessoa(s) que fala(m) (1ª pessoa do singular e do plural), a(s) pessoa(s) com quem se fala (2ª pessoa do singular e do plural) e de quem ou de que se fala (3ª pessoa do singular e do plural).

Veja.

- **Eu** gosto muito dela. No fundo, **ela** é bem legal.

    Pessoa que fala.   Pessoa de quem se fala.

    Diga-me com quem **tu** andas e eu te direi quem és.   Pessoa com quem se fala.

São **pronomes pessoais do caso oblíquo**:

Me, mim, comigo	– 1ª pessoa do singular
Te, ti, contigo	– 2ª pessoa do singular
Se, si, consigo, o, a, lhe	– 3ª pessoa do singular
Nos, conosco	– 1ª pessoa do plural
Vos, convosco	– 2ª pessoa do plural
Se, si, consigo, os, as, lhes	– 3ª pessoa do plural

Veja alguns exemplos retirados da canção *Loadeando* de Marcelo D2.

STEPHAN: Se o papo for futebol?
MARCELO: Ah! Isso é **comigo**   Pronome pessoal do caso oblíquo – 1ª pessoa do singular

STEPHAN: E se o assunto é *playstation*?
MARCELO: Tudo bem, **contigo**. A evolução aqui é de pai pra filho.

Pronome pessoal do caso oblíquo – 2ª pessoa do singular

Observações

1. Os pronomes oblíquos o, a, os, as, quando vêm ligados a uma forma verbal terminada por r, s, z, assumem as formas lo, la, los, las.

Não posso levar-o. → Não posso levá-lo.

Levamos-as. → Levamo-la.

Fiz-a. → Fi-la.

2. Quando a forma verbal termina em -m, -ão, -õe, recebe as formas pronominais no, na, nos, nas.

Pegaram-o. → Pegaram-no.

Contarão-os. → Contar-nos-ão.

Supõe-a. → Supõe-na.

3 Como você pôde perceber, os pronomes pessoais substituem os nomes a fim de evitar que o texto fique repetitivo. Reescreva as frases substituindo os termos destacados por pronomes retos ou oblíquos de maneira coerente.

a) Encontrei **a garota** quando cheguei à escola.

___

b) Não quero que **a garota** descubra **o meu segredo**.

___

c) **O filho** confessou sua dificuldade ao pai.

___

d) O filho confessou **sua dificuldade** ao pai.

___

e) O filho confessou **ao pai** sua dificuldade.

___

4 Leia atentamente o parágrafo abaixo e indique quais termos foram substituídos pelos pronomes pessoais em destaque.

Todos os garotos estavam preocupados com a prova que seria realizada no dia seguinte. A professora havia avisado que **ela** seria bem extensa e trabalhosa. **Eles**, então, decidiram que iriam estudar em grupo.

___

___

> **Dica**
>
> Como você observou nos exercícios anteriores, para evitar repetições de palavras ou expressões desnecessárias em um texto, os pronomes podem substituí-las ou se referir àquelas que já foram usadas.
>
> Leia sempre os textos que produzir, veja se repetiu alguma palavra ou expressão sem necessidade e troque-a por outra que comunique o que você quer.

5 Releia este trecho do texto "A agenda de Carol":

> "Cheguei do vôlei e tinha uma surpresa em **minha** cama."

- Qual é a função da palavra em destaque na frase?
_____
_____

6 Identifique no texto escrito por Carol outras palavras com a mesma função da palavra **minha**. Depois, copie-as.
_____
_____
_____

7 A mãe de Carol chama a filha de "Minha filhota querida". Essa frase quer expressar a afetividade da mãe em relação à filha. Você conhece outros exemplos de expressões, semelhantes a essa, usadas para indicar afeto por algo ou alguém? Escreva-as a seguir.
_____
_____
_____

> **Importante saber**
>
> Os **pronomes possessivos** estão relacionados às pessoas do discurso e servem para indicar a ideia de posse. Observe.
>
> Os pronomes possessivos também servem para indicar afetividade, respeito, frequência de um acontecimento. Veja alguns exemplos.
>
> Um beijo e um abraço,
> Da **sua** Carol. (Afetividade)
>
> **Minha** escola fica longe daqui. (Lugar que se frequenta com assiduidade)
> **Meu** senhor, sente-se por favor. (Respeito)
>
> Os **pronomes pessoais** podem acompanhar ou substituir um substantivo. Veja.

"Bom, agora, você me dá licença, diário, que eu vou atacar esses bombons. A mamãe comprou todos os meus favoritos."

Pronomes pessoais do caso reto			Pronomes possessivos
Eu	–	1ª pessoa do singular	meu, minha, meus, minhas
Tu	–	2ª pessoa do singular	teu, tua, teus, tuas
Ele	–	3ª pessoa do singular	seu, sua, seus, suas
Nós	–	1ª pessoa do plural	nosso, nossa, nossos, nossas
Vós	–	2ª pessoa do plural	vosso, vossa, vossos, vossas
Eles	–	3ª pessoa do plural	seu, sua, seus, suas

8 Em seu caderno, conte o que aconteceu com a Carol. Para isso, copie o texto, substituindo os pronomes que estão na primeira pessoa por pronomes em terceira pessoa. Veja como deve iniciar o texto.

"**Carol** chegou do vôlei e tinha uma surpresa em **sua** cama."

Aplicando conhecimentos

1 Identifique os pronomes possessivos nas tiras a seguir e indique a ideia que eles expressam. Justifique cada uma de suas respostas.

a)

Fernando Gonsales, 10 jan. 2012.

b)

Fernando Gonsales, 13 jan. 2012.

2 Veja esta frase retirada da canção *Loadeando*.

> MARCELO: Eu me desenvolvo e evoluo com meu filho.

Veja como ficaria se Marcelo estivesse falando de outra pessoa.

Frase 1 – Ele se desenvolve e evolui com o **seu** filho.

Frase 2 – Ele se desenvolve e evolui com o filho **dele**.

- Em qual das duas frases a palavra em destaque pode causar dúvida a respeito de quem é o filho? Explique sua resposta.

_____

_____

3 Preencha os espaços dos textos a seguir com pronomes que dão sentido a cada texto.

1
Marcelo telefonou para _____! Perguntou se _____ podia ir, no sábado, no aniversário _____! Lógico que _____ posso! Nem pensei duas vezes.

– Olha, é só um bolinho. Só para os amigos mais chegados.

Marcelo _____ incluiu nos amigos CHEGADOS! Ai, estou nervosa: que roupa _____ vou botar?

2
Eu _____ embrulho em roupa,
Tiro,
Boto,
Detesto,
Adoro,
Que roupa _____ vou botar?
Às vezes,
_____ sinto toda feia,

Detesto _____ sapato,
Odeio a meia!
Eu não _____ gosto inteira.
Preciso produzir
Um novo
Visual...
Mas, qual?

Sylvia Orthof. *Luana adolescente, lua crescente*. Rio de Janeiro: Nova Fronteira, 1989.

4 Passe para o plural os pronomes em destaque nas frases. Faça as concordâncias necessárias.

a) **Eu** quero **me** sentar perto de você.

_____

_____

b) **Ele** quer viajar **comigo** ainda hoje.

___

c) **Você** vai levá-**la consigo**?

___

d) **Eu** não **a** convidei para a festa e **ela** ficou chateada.

___

e) **Eu** vou levá-**la comigo** para Santos.

___

PRÁTICA DE LEITURA

Texto 3 – Poema

Um novo pai

Demorei para me acostumar
Com a ideia de um novo pai
Fiquei pensando se seria legal
Naquele tal de vai não vai.
As primeiras reações foram lágrimas
Depois veio o rancor
Mais tarde mergulhei na tristeza
E então apareceu o amor.

Entendi que pai é aquele que cuida,
Que ensina,
Que ama.
Fiquei feliz de montão
Agora eu tinha um pai
Não de sangue
Mas de coração.

Thaís da Silva Brianizi. In: *Ciência Hoje das Crianças*, ano 5, n. 26. São Paulo: SBPC, 1992.

Por dentro do texto

1 No texto, percebemos que o eu poético experimenta sensações e sentimentos positivos e negativos em relação ao pai. Escolha dentre os substantivos abaixo aqueles que melhor revelam os sentimentos ou sensações do eu poético em relação ao pai. Circule esses substantivos.

amor	camaradagem	dúvida	carinho	rejeição	fidelidade
incerteza	constrangimento	felicidade	rancor	ódio	tristeza

2 A que conclusão chegou o eu poético no final do texto? Explique.

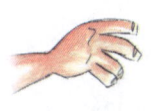

_____

_____

_____

3 O texto nos faz perceber que o eu poético levou tempo para aceitar o pai. Que palavras ou expressões marcam esse tempo?

_____

_____

4 O que provavelmente fez o narrador entender que "[...] pai é aquele que cuida, / Que ensina, / Que ama"?

_____

5 Escreva as semelhanças e diferenças entre os textos "A agenda de Carol" e "Um novo pai", segundo os critérios abaixo.

a) Forma de apresentação: verso ou prosa

b) Gênero do texto: diário, carta, bilhete, poema, classificado, crônica etc.

c) Assunto

d) Linguagem: formal ou informal

Faça essa comparação no quadro abaixo. Dessa maneira, você organizará melhor suas ideias.

	A agenda de Carol	Um novo pai
Apresentação		
Gênero		Poema
Assunto		
Linguagem		

DE OLHO NA ESCRITA

Acentuação das proparoxítonas

1 Releia este verso do poema "Um novo pai".

> "As primeiras reações foram lágrimas"

a) Separe as sílabas das palavras em destaque nos versos:

primeira: _____

reações: _____

lágrimas: _____

b) Circule as sílabas que você pronunciou com mais ênfase nessas palavras.

> **Importante saber**
>
> A sílaba pronunciada com mais ênfase, mais intensidade sonora em uma palavra é chamada **sílaba tônica**.
>
> A tonicidade silábica pode recair sobre a última, a penúltima ou a antepenúltima sílaba.
>
> - Se a sílaba tônica for a última, a palavra será chamada oxítona.
>   sofá – (so-**fá**)
>
>   sílaba tônica
>
> - Se a sílaba tônica for a penúltima, a palavra será chamada paroxítona.
>   re-mé-dio – (re-**mé**-dio)
>
>   sílaba tônica
>
> - Se a sílaba tônica for a antepenúltima, a palavra será chamada proparoxítona.
>   nú-me-ro – (**nú**-me-ro)
>
>   sílaba tônica

2 Separe as sílabas das palavras a seguir e circule a sílaba tônica de cada uma delas. Depois classifique as palavras em oxítonas, paroxítonas ou proparoxítonas.

a) amor: _____

b) dúvida: _____

c) coração: _____

d) tristeza: _____

124

e) vôlei: _____

f) número: _____

3 Observe agora as palavras proparoxítonas do quadro.

| público | dúvida | número | lágrima | título |

a) O que essas palavras têm em comum quanto à acentuação?

_____
_____
_____
_____

b) Escreva uma regra para a acentuação das palavras proparoxítonas.

_____
_____
_____
_____

4 Circule as palavras que não levam acento e sublinhe as que precisam ser acentuadas. Depois de colocar o acento nas palavras sublinhadas, justifique o emprego do acento nelas.

| agenda | licença | pagina | solido | magica |
| segredo | folego | mistico | bilhete |

_____
_____
_____

5 Compare o sentido das frases e descubra em qual delas a palavra em destaque deve ser acentuada. Copie a frase colocando o acento devidamente.

Frase 1: Como Carol, também resolvi escrever o meu diário intimo.

Frase 2: Eu intimo você a vir ao meu aniversário no domingo.

_____
_____
_____

PRODUÇÃO DE TEXTO

Neste capítulo, você conheceu as ideias e os sentimentos da personagem Carol por meio de um gênero textual chamado **diário íntimo**. Agora é você quem vai preencher páginas relatando fatos em que estejam presentes as suas ideias e emoções. Nesse texto você deve relatar um fato marcante vivido na escola este ano. Será, portanto, a página de um **diário escolar**.

Para isso, use como suporte uma folha de agenda. Caso não tenha uma agenda, ilustre uma folha de seu caderno, como se fosse essa página. Essa versão inicial ilustrada será entregue primeiramente ao professor. Mas a atividade não para por aí...

Em geral, não se relatam publicamente os acontecimentos registrados em um diário íntimo. Por isso, a atividade proposta agora resultará na criação de um **diário escolar da turma**, livro em que se contam as experiências importantes vividas durante o ano: atividades de que a turma gostou de participar, passeios, festas, aulas marcantes, situações vividas com os colegas.

O início desse diário começará com os textos produzidos nesta seção. Na sequência, depois de passá-los a limpo no diário, o professor pode entregar o livro no final da aula do dia para o aluno que quiser escrever nele a respeito de um assunto previamente combinado com a turma e com o professor.

PLANEJE SEU TEXTO

Responda a cada um dos itens do quadro como modo de planejamento. Amplie o número de itens, se precisar. Verifique se cumpriu o planejado na hora de avaliar o texto.

PARA ESCREVER A PÁGINA DO DIÁRIO ESCOLAR	
1. Qual é o público leitor do texto?	
2. Que linguagem vou empregar?	
3. Qual é a estrutura que o texto vai ter?	
4. Onde o texto vai circular?	

ORIENTAÇÕES PARA A PRODUÇÃO

1. As impressões contidas na página do diário são pessoais, portanto os acontecimentos devem ser narrados em primeira pessoa.
2. O diário deve registrar a data em que o texto foi escrito.
3. Ao narrar, você deverá situar o leitor a respeito do tempo (quando) e do espaço (onde) em que os fatos ocorreram.
4. Em textos desse gênero, o autor costuma se dirigir ao próprio diário, como se estivesse conversando com ele, usando expressões, como: querido diário, meu diário, amigo diário... Caso queira, você poderá lançar mão desse recurso.

5. Combine com o professor se o diário irá acomodar imagens além dos textos verbais: colagem de fotos, elaboração de ilustrações etc.
6. Não se esqueça de fazer uma avaliação de seu texto antes de passá-lo a limpo na folha definitiva. Seu professor vai ler o texto e orientá-lo sobre quando e como registrá-lo no diário da turma, livro de escritos que circulará pela classe para que novas páginas dele possam ser produzidas pelos alunos.

AVALIAÇÃO E REESCRITA

1. Volte ao quadro de planejamento para verificar se escreveu o texto de acordo com o que planejou.
2. Você já sabe que, para evitar repetições, pode usar os pronomes para substituir ou se referir a outras palavras do texto. Observe atentamente o seu texto, verificando se utilizou adequadamente esse recurso da língua.
3. Caso necessite, peça orientação ao seu professor. Depois, verifique outros aspectos do texto, como: pontuação, ortografia, uso de parágrafos, letra maiúscula para escrever nomes próprios, e fique atento(a) a todas as orientações para a produção.
4. Por fim, passe o texto a limpo, ilustre a página (se isso for combinado) e entregue-a ao professor.

LEIA MAIS

Nesta unidade, você leu a página de diário de uma personagem, mas também constatou que algumas pessoas possuem diários íntimos, textos que não costumam ser lidos por outras pessoas, a não ser que o autor autorize essa leitura. Contudo, também há textos em que as impressões pessoais e as ideias dos autores tornam-se públicas. É o caso dos *blogs*. Há *blogs* que podem ser acessados apenas pelas pessoas autorizadas e outros que podem ser acessados pelo público em geral.

Converse com o professor, peça a ele sugestões para o acesso a algum *blog* educativo, que traga contribuições para a discussão das temáticas estudadas no 6º ano, e combine com a turma um meio possível de acessar esses conteúdos. Depois, na sala de aula, e sob orientação do professor, conversem sobre o que leram.

PREPARANDO-SE PARA O PRÓXIMO CAPÍTULO

Combine com o professor e seus colegas para que alguém traga uma música que fale do valor da amizade. Todos poderão cantá-la na sala de aula.

Paulo Cruz

Unidade 3
Aprendendo com a *sabedoria* popular

Nesta unidade, você estudará:

- **ESTRUTURA DO DISCURSO DIRETO**

- **PRONOME PESSOAL DO CASO RETO E PRONOME DE TRATAMENTO**

- **VERBO (I) – USO E FUNÇÃO**

- **VERBO (II) – VARIAÇÃO DE TEMPO, PESSOA**

- **VERBO (III) – CONJUGAÇÕES**

- **ORTOGRAFIA:**

- **PONTUAÇÃO**

- **ACENTUAÇÃO DOS MONOSSÍLABOS**

PARA COMEÇO DE CONVERSA

Neste capítulo, o assunto é amizade.
Leia a canção a seguir para conversar com sua turma sobre esse tema.

Amizade sincera

Amizade sincera é **um santo remédio**
É **um abrigo seguro**
É natural da amizade
O abraço, o aperto de mão, o sorriso
Por isso se for preciso
Conte comigo, amigo, disponha
Lembre-se sempre que mesmo modesta
Minha casa será sempre sua
Amigo
Os verdadeiros **amigos**
Do peito, de fé
Os melhores amigos
Não trazem dentro da boca
Palavras fingidas ou falsas histórias
Sabem entender o silêncio
E **manter a presença mesmo quando ausentes**
Por isso mesmo apesar de tão raro
Não há nada melhor do que um grande amigo

Renato Teixeira. *O essencial de Renato Teixeira*. (CD). Focus, RCA, BMG Internacional, 1999.

1. Para você, é importante ter amigos? Por quê?

2. Quando podemos dizer que alguém é nosso amigo?

3. De acordo com o eu poético, o que é comum acontecer quando as pessoas são amigas?

4. A canção acrescenta outros pontos importantes para que uma amizade seja sincera. Quais são eles?

5. É possível afirmar que as expressões destacadas no texto estão em linguagem figurada. Explique por quê.

6. Embora a canção tenha como objetivo definir o que é uma amizade sincera, há trechos que se dirigem a um interlocutor, como se estivesse conversando com ele. Identifique-os.

7. Do que você mais gosta em seus amigos? Por quê?

8. De qual trecho da canção você mais gostou?

Capítulo 1

HISTÓRIAS DE AMOR E AMIZADE

PRÁTICA DE LEITURA

O próximo texto conta a história de um principezinho que habitava um planeta (o asteroide B 612), pouco maior que ele. Um dia, resolveu sair da sua terra natal em busca de amigos. Para isso, visitou vários planetas, inclusive a Terra, onde encontrou um animal que lhe deu uma grande lição sobre a amizade.

Texto 1 – Romance (fragmento)

O pequeno príncipe

[...]
– Bom dia – disse a raposa.

– Bom dia – respondeu polidamente o principezinho, que se voltou, mas não viu nada.

– Eu estou aqui – disse a voz –, debaixo da macieira...

– Quem és tu? – perguntou o principezinho. – Tu és bem bonita...

– Sou uma raposa – disse a raposa.

– Vem brincar comigo – propôs o principezinho. – Estou tão triste...

– Eu não posso brincar contigo – disse a raposa. – Não me cativaram ainda.

– Ah! desculpa – disse o principezinho.

Após uma reflexão, acrescentou:

– Que quer dizer "cativar"?

– Tu não és daqui – disse a raposa. – Que procuras?

– Procuro os homens – disse o principezinho. – Que quer dizer "cativar"?

– Os homens – disse a raposa – têm fuzis e caçam. É bem incômodo! Criam galinhas também. É a única coisa interessante que eles fazem. Tu procuras galinhas?

– Não – disse o principezinho. – Eu procuro amigos. Que quer dizer "cativar"?

– É uma coisa muito esquecida – disse a raposa. – Significa "criar laços"...

– Criar laços?

– Exatamente – disse a raposa. – Tu não és ainda para mim senão um garoto inteiramente igual a cem mil outros garotos. E eu não tenho necessidade de ti. E tu não tens também necessidade de mim. Não passo, a teus olhos, de uma raposa igual a cem mil outras raposas. Mas, se tu me cativas, nós teremos necessidade um do outro. Serás para mim único no mundo. E eu serei para ti única no mundo...

– Começo a compreender – disse o principezinho. – Existe uma flor... eu creio que ela me cativou...

– É possível – disse a raposa. – Vê-se tanta coisa na Terra...

– Oh! não foi na Terra – disse o principezinho.

A raposa pareceu intrigada:

– Num outro planeta?

– Sim.

– Há caçadores nesse planeta?

– Não.

– Que bom! E galinhas?

– Também não.

– Nada é perfeito – suspirou a raposa.

Mas a raposa voltou à sua ideia.

– Minha vida é monótona. Eu caço as galinhas e os homens me caçam. Todas as galinhas se parecem e todos os homens se parecem também. E por isso eu me aborreço um pouco. Mas se me cativares, minha vida será como que cheia de sol. Conhecerei um barulho de passos que será diferente dos outros. Os outros passos me fazem entrar debaixo da terra. O teu me chamará para fora da toca, como se fosse música. E depois, olha! Vês, lá longe, os campos de trigo? Eu não como pão. O trigo para mim é inútil. Os campos de trigo não me lembram coisa alguma. E isso é triste! Mas tu tens cabelos cor de ouro. Então será maravilhoso quando me tiveres cativado. O trigo, que é dourado, fará lembrar-me de ti. E eu amarei o barulho do vento no trigo...

A raposa calou-se e considerou por muito tempo o príncipe:

— Por favor... cativa-me! – disse ela.

— Bem quisera – disse o principezinho –, mas eu não tenho muito tempo. Tenho amigos a descobrir e muitas coisas a conhecer.

— A gente só conhece bem as coisas que cativou – disse a raposa. – Os homens não têm mais tempo de conhecer coisa alguma. Compram tudo prontinho nas lojas. Mas como não existem lojas de amigos, os homens não têm mais amigos. Se tu queres um amigo, cativa-me!

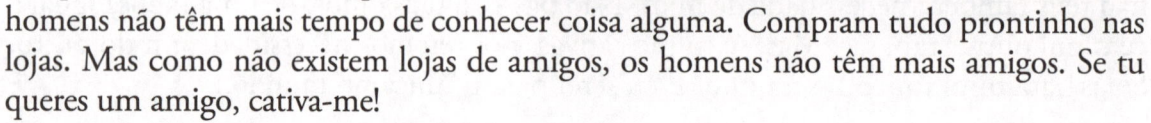

— Que é preciso fazer? – perguntou o principezinho.

— É preciso ser paciente – respondeu a raposa. – Tu te sentarás primeiro um pouco longe de mim, assim, na relva. Eu te olharei com o canto do olho e tu não dirás nada. A linguagem é uma fonte de mal-entendidos. Mas, a cada dia, te sentarás mais perto...

No dia seguinte o principezinho voltou.

— Teria sido melhor voltares à mesma hora – disse a raposa.

— Se tu vens, por exemplo, às quatro da tarde, desde as três eu começarei a ser feliz.

Quanto mais a hora for chegando, mais eu me sentirei feliz.

Às quatro horas, então, estarei inquieta e agitada: descobrirei o preço da felicidade! Mas, se tu vens a qualquer momento, nunca saberei a hora de preparar o coração... É preciso ritos.

— Que é um rito? – perguntou o principezinho.

— É uma coisa muito esquecida também – disse a raposa. – É o que faz com que um dia seja diferente dos outros dias; uma hora, das outras horas. Os meus caçadores, por exemplo, possuem um rito. Dançam na quinta-feira com as moças da aldeia. A quinta-feira então é o dia maravilhoso! Vou passear até a vinha. Se os caçadores dançassem qualquer dia, os dias seriam todos iguais, e eu não teria férias!

Assim o principezinho cativou a raposa. [...]

Antoine de Saint-Exupéry. *O pequeno príncipe*. Tradução de Dom Marcos Barbosa. 41. ed. Rio de Janeiro: Agir, 1994.

Por dentro do texto

1. Quais são as personagens da história?
___

2. O narrador da história é também uma personagem? Como você chegou a essa conclusão?
___

3. Na história do pequeno príncipe, a raposa é um animal personificado: sente, pensa e fala como ser humano. Como a raposa definia a amizade?
___

4. Releia o trecho em que aparecem as palavras **cativar** e **rito**.

   a) Escreva o significado que essas palavras têm no texto.
   ___

   b) Procure as palavras no dicionário e confira a sua resposta.

5. Segundo a raposa, o que é preciso para cativar um amigo?
___

6. A raposa valoriza o silêncio nos primeiros encontros entre os amigos. E justifica seu ponto de vista com a afirmação: "A linguagem é fonte de mal-entendidos".

   - O que você entendeu dessa afirmação da raposa?
   ___

7. Em outro momento, a mesma personagem afirma: "descobrirei o preço da felicidade". Sabemos que a palavra **preço** em seu sentido próprio significa valor, custo de algo que se vende. No contexto em que ocorre a fala da raposa, qual o significado da palavra **preço**?
___

8 Releia um trecho da narrativa em que a raposa está explicando ao príncipe o que é cativar. Lembre-se do que estudou a respeito da função dos **artigos** nos textos e responda às questões a seguir.

> "Tu não és ainda para mim senão um garoto inteiramente igual a cem mil outros garotos. E eu não tenho necessidade de ti. E tu não tens também necessidade de mim. Não passo, a teus olhos, de uma raposa igual a cem mil outras raposas."

a) Que artigos foram usados para indicar que a raposa e o menino ainda não se diferenciavam de outros seres de sua espécie (raposa e menino).
_____

b) Por que, nesse momento da narrativa, tanto o menino quanto a raposa ainda não se diferenciavam um para o outro?
_____
_____
_____

c) Releia a continuação da fala da raposa.

> "Mas, se tu me cativas, nós teremos necessidade um do outro. Serás para mim único no mundo. E eu serei para ti única no mundo..."

• Esse trecho confirma as respostas que você deu anteriormente? De que maneira?
_____
_____

9 Veja como a raposa conclui a sua explicação sobre o que é cativar.

> "Mas a raposa voltou à sua ideia.
> — Minha vida é monótona. Eu caço as galinhas e os homens me caçam. Todas as galinhas se parecem e todos os homens se parecem também. E por isso eu me aborreço um pouco. Mas, se me cativares, minha vida será como que cheia de sol. Conhecerei um barulho de passos que será diferente dos outros. Os outros passos me fazem entrar debaixo da terra. O teu me chamará para fora da toca, como se fosse música. E depois, olha! Vês, lá longe, os campos de trigo? Eu não como pão. O trigo para mim é inútil. Os campos de trigo não me lembram coisa alguma. E isso é triste! Mas tu tens cabelos cor de ouro. Então será maravilhoso quando me tiveres cativado. O trigo, que é dourado, fará lembrar-me de ti. E eu amarei o barulho do vento no trigo..."

a) O que a raposa quis dizer com a expressão "minha vida será como que cheia de sol"?
_____

b) Ao falar com o príncipe, a raposa usa palavras e expressões como: **sol**, **trigo**, **cor de ouro** e **dourado**. O que elas têm em comum quanto à cor?
_____

c) Compare a característica do trigo com as do principezinho. Que relação há entre elas?
_____
_____

10 O que você entendeu a respeito da palavra **rito**? Por que a raposa considerava importante ter rito?
_____

Texto e construção

"O pequeno príncipe" apresenta alguns trechos construídos com diálogos. Observe como os diálogos foram organizados.

- Nesta primeira forma, aparece primeiro a fala do narrador e depois a da personagem. Observe.

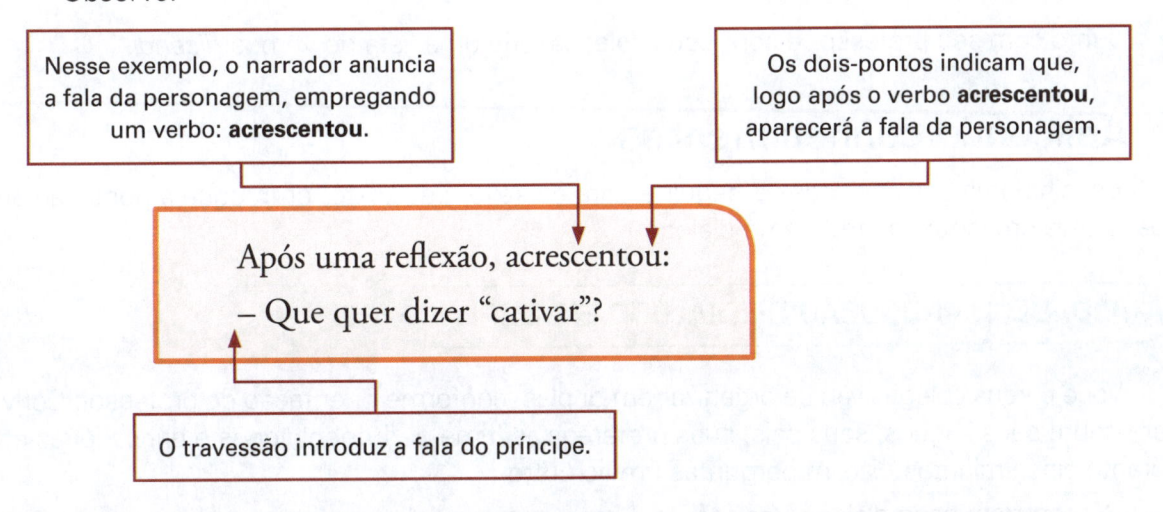

> Nesse exemplo, o narrador anuncia a fala da personagem, empregando um verbo: **acrescentou**.

> Os dois-pontos indicam que, logo após o verbo **acrescentou**, aparecerá a fala da personagem.

> Após uma reflexão, acrescentou:
> – Que quer dizer "cativar"?

> O travessão introduz a fala do príncipe.

- Nesta segunda forma, a fala do narrador aparece no meio da fala da personagem.

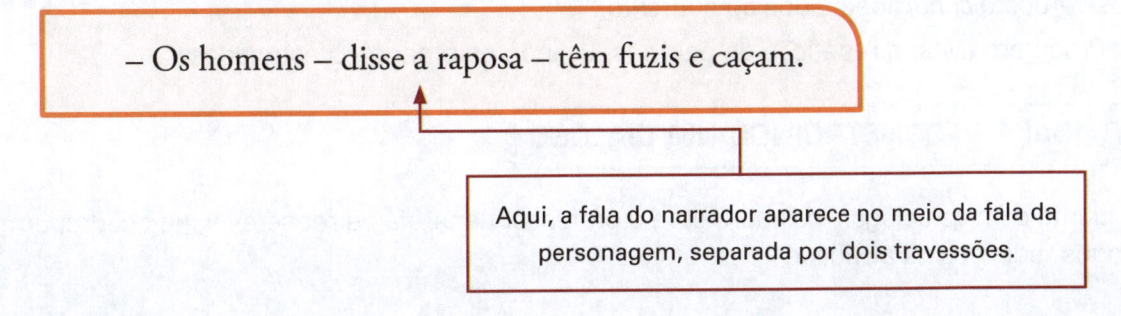

> – Os homens – disse a raposa – têm fuzis e caçam.

> Aqui, a fala do narrador aparece no meio da fala da personagem, separada por dois travessões.

135

- Nesta terceira forma, aparece primeiro a fala da personagem e depois a do narrador. Veja.

> – Ah! desculpa – disse o principezinho.

Como você pôde observar, há diferentes formas de organizar as falas das personagens.

1 Agora, registre abaixo: quais são as três formas de o narrador indicar a fala das personagens? Dê outros exemplos.

_____

_____

_____

- Em todas as formas, há a presença de um verbo que mostra ao leitor exatamente como a personagem produziu sua fala. Esses verbos se chamam **verbos *dicendi***.
Observe outros exemplos de verbos *dicendi* retirados do texto.

> – Nada é perfeito – **suspirou** a raposa.
> – Que é um rito? – **perguntou** o principezinho.

Renato Arlem

2 Junto com seu professor e com seus colegas, crie uma lista de verbos *dicendi*.

Aplicando conhecimentos

Escolha uma das atividades a seguir e para escrever seu texto, empregue a pontução adequada para organizar a estrutura do diálogo.

ATIVIDADE 1: PRODUÇÃO DE DIÁLOGO EM DUPLA

Você e seus colegas vão se organizar em duplas, conforme orientação do professor. Conversem sobre seus amigos, seus pais, suas preferências (time de futebol, jogos e brincadeiras etc.) durante cinco minutos. Façam perguntas um ao outro.

Reproduzam esse diálogo por escrito. Empreguem, se desejarem, a voz do narrador como forma de introduzir a fala das personagens. Fiquem atentos ao emprego dos sinais de pontuação e aos verbos *dicendi* adequados ao contexto.

Procurem evitar a repetição de palavras, usando os pronomes estudados.

ATIVIDADE 2: CONSTRUINDO UM DIÁLOGO

Junto com os colegas, colabore com o professor na tarefa de reescrever, no quadro, um dos diálogos redigidos na atividade 1.

Avaliação da atividade

Depois de ampliar seus conhecimentos sobre a forma de estruturar um diálogo, avalie sua produção anterior com o colega que trabalhou com você. Observe se vocês usaram o travessão para introduzir a fala de cada um e se organizaram os parágrafos adequadamente.

REFLEXÃO SOBRE O USO DA LÍNGUA

Pronome pessoal do caso reto e pronome de tratamento

1 Releia os trechos a seguir.

> – **Eu** estou aqui – disse a voz –, debaixo da macieira...
> – **Tu** não és daqui – disse a raposa. – Que procuras?
> – Começo a compreender – disse o principezinho.
> – Existe uma flor... eu creio que **ela** me cativou...

a) A quem se referem as palavras **eu**, **tu** e **ela** destacadas nesses trechos?
_____

b) Veja como ficaria uma das falas se a personagem não tivesse utilizado o pronome **ela**.

> ... Existe uma **flor**... eu creio que **a flor** me cativou...

- Que função tem o pronome **ela**, empregado no texto original?
_____
_____
_____

2 Releia outro trecho do texto.

– Os homens têm fuzis e caçam [...] Criam galinhas também. É a única coisa interessante que eles fazem [...]

Antoine de Saint-Exupéry

a) A quem a raposa se refere nesse trecho?
___

b) A expressão **os homens** ou a palavra **eles** poderia aparecer antes da palavra **criam**. Por que nenhuma delas foi empregada nesse trecho?
___
___

3 Você deve ter observado na história que a raposa se dirige ao seu interlocutor (o príncipe) empregando a 2ª pessoa do discurso – **tu**.

a) Que outro pronome a raposa poderia usar sem alterar o sentido da sua fala?
___

b) O uso do pronome **tu** é comum em sua região?
___

c) Na fala do dia a dia, as pessoas do lugar onde você vive empregam o pronome **tu**, o pronome **você** ou ambos?
___

> **Importante saber**
>
> Em muitas regiões do Brasil, a palavra **você** é usada em situações informais. Mas há falantes de algumas regiões do país que empregam o **tu** para situações de intimidade. Já em Portugal, é a forma **tu**, e não a forma **você**, que é empregada em situações familiares e profissionais de intimidade.
>
> **Origem do pronome você**
>
> O pronome **você** sofreu algumas transformações no decorrer do tempo. O pronome de tratamento que deu origem a ele é **Vossa Mercê**, que foi se transformando com o tempo e chegou à forma **você**.

4 Você conhece os pronomes de tratamento? Pesquise-os numa gramática ou na tabela no final deste livro e descubra o pronome que é empregado para se dirigir às pessoas relacionadas.

a) uma autoridade do governo;
___

b) um príncipe;
___

c) uma pessoa mais velha;
___

d) um rei;

_____

e) um diretor de uma empresa;

_____

f) um amigo;

_____

g) o papa.

_____

5 Observe com atenção o emprego dos pronomes de tratamento nas diferentes situações.

Situação I
O secretário abre a porta do gabinete do governador do Estado e pergunta:
– Vossa Excelência aceita um café?

Situação II
O secretário do governador comunica à copeira:
– Sua Excelência quer um café.

- Por que, na situação I, o secretário emprega Vossa Excelência e na situação II, Sua Excelência?

_____

_____

_____

Aplicando conhecimentos

1 Reescreva o trecho a seguir, utilizando outro pronome de tratamento no lugar das palavras em destaque. Faça as alterações necessárias na frase.

"– [...] **Tu** não és ainda para mim senão um garoto inteiramente igual a cem mil outros garotos. E eu não tenho necessidade de **ti**. E **tu** não tens também necessidade de mim."

_____

_____

2 Leia o anúncio. Em seguida, responda às questões.

a) Que produto é divulgado nesse anúncio?
___

b) Qual é seu público-alvo?
___

c) Que expressão informal é típica da linguagem usada pelo público-alvo desse anúncio?

Disponível em: <http://ccsp.com.br/novo/pop_pecas.php?id=17143>. Acesso em: fev. 2012.
___

d) Qual a intenção do produtor do texto ao usar o pronome você?
___

3 Reescreva os trechos a seguir, utilizando uma **outra forma** para indicar a fala das personagens. Se necessário, consulte o que você estudou sobre esse assunto neste capítulo.

a) " – Que é preciso fazer? – perguntou o principezinho."
___
___
___

b) " – Que é um rito? – perguntou o principezinho."
___
___
___

c) A raposa disse: – Os homens têm fuzis e caçam.
___
___
___

d) O principezinho propôs: – Vem brincar comigo. Estou tão triste...
___
___
___

4 Leia a próxima tira e escreva o diálogo apresentado nos balões, empregando uma das formas de pontuação estudadas. Se necessário, introduza a voz do narrador ou use outras expressões para dar sentido ao texto.

HAGAR — DICK BROWNE

Quadrinho 1: HAMLET, O QUE É AMOR?
Quadrinho 2: "AMOR" É UM SUBSTANTIVO.
Quadrinho 3: SIMPLES, MASCULINO, ABSTRATO.
Quadrinho 4: VOCÊ É TÃO ROMÂNTICO!

Dick Browne. *O melhor de Hagar, o Horrível.* Porto Alegre: L&PM, 1997.

_____
_____
_____
_____

- O humor da tira está na reação da personagem no último quadrinho. Explique por que motivo a fala "Você é tão romântico!" produz humor.

_____
_____

PRÁTICA DE LEITURA

Texto 2 – Conto

Antes de ler

1. Assinale a alternativa que combina com você quando vê alguém pela primeira vez.

☐ Deixa-se levar pela primeira impressão, seja boa ou ruim.

☐ Desconfia logo à primeira vista e prefere aguardar a convivência para descobrir com quem está lidando.

☐ Costuma simpatizar com qualquer pessoa à primeira vista.

☐ Tem receio de se relacionar com desconhecidos.

2. Você já chegou a um lugar onde não conhecia ninguém? O que sentiu e fez nessa situação?

Uma lição inesperada

No último dia de férias, Lilico nem dormiu direito. Não via a hora de voltar à escola e rever os amigos. Acordou feliz da vida, tomou o café da manhã às pressas, pegou sua mochila e foi ao encontro deles. Abraçou-os à entrada da escola, mostrou o relógio que ganhara de Natal, contou sobre sua viagem ao litoral. Depois ouviu as histórias dos amigos e divertiu-se com eles, o coração latejando de alegria. Aos poucos, foi matando a saudade das descobertas que fazia ali, das meninas ruidosas, do azul e branco dos uniformes, daquele burburinho à beira do portão. Sentia-se como um peixe de volta ao mar. Mas, quando o sino anunciou o início das aulas, Lilico descobriu que caíra numa classe onde não havia nenhum de seus amigos. Encontrou lá só gente estranha, que o observava dos pés à cabeça, em silêncio. Viu-se perdido e o sorriso que iluminava seu rosto se apagou. Antes de começar, a professora pediu que cada aluno se apresentasse. Aborrecido, Lilico estudava seus novos companheiros. Tinha um japonês de cabelos espetados com jeito de *nerd*. Uma garota de olhos azuis, vinda do Sul, pareceu-lhe fria e arrogante. Um menino alto, que quase bateu no teto quando se ergueu, dava toda a pinta de ser um bobo. E a menina que morava no sítio? A coitada comia palavras, olhava-os assustada, igual um bicho do mato. O mulato, filho de pescador, falava arrastado, estalando a língua, com sotaque de malandro. E havia uns garotos com tatuagens, umas meninas usando óculos de lentes grossas, todos esquisitos aos olhos de Lilico. A professora? Tão diferente das que ele conhecera... Logo que soou o sinal para o recreio, Lilico saiu a mil por hora, à procura de seus antigos colegas. Surpreendeu-se ao vê-los em roda, animados, junto aos estudantes que haviam conhecido horas antes. De volta à sala de aula, a professora passou uma tarefa em grupo. Lilico caiu com o japonês, a menina gaúcha, o mulato e o grandalhão. Começaram a conversar cheios de cautela, mas paulatinamente foram se soltando, a ponto de, ao fim do exercício, parecer que se conheciam há anos. Lilico descobriu que o japonês não era *nerd*, não: era ótimo em Matemática, mas tinha dificuldade em Português. A gaúcha, que lhe parecera tão metida, era gentil e o mirava ternamente com seus lindos olhos azuis. O mulato era um caiçara responsável, ajudava o pai desde criança e prometeu ensinar a todos os segredos de uma boa pescaria. O grandalhão não tinha nada de bobo. Raciocinava rapidamente e, com aquele tamanho, seria legal jogar basquete no time dele.

Lilico descobriu mais. Inclusive que o haviam achado mal-humorado quando ele se apresentara, mas já não pensavam assim. Então, mirou a menina do sítio e pensou no quanto seria bom conhecê-la. Devia saber tudo de passarinhos. Sim, justamente porque eram diferentes havia encanto nas pessoas. Se ele descobrira aquilo no primeiro dia de aula, quantas descobertas não haveria de fazer no ano inteiro? E, como um lápis deslizando numa folha de papel, um sorriso se desenhou novamente no rosto de Lilico.

João Anzanello Carrascoza. In: *Nova Escola*.
São Paulo: Abril, dez. 2000.

Por dentro do texto

1. Anote todos os sentimentos e emoções vividos pela personagem Lilico.
___
___

2. O narrador conta que Lilico chega alegre à escola. O que o fez sentir-se diferente?
___
___

3. Leia este trecho que revela os primeiros pensamentos de Lilico sobre os novos colegas.

> "Aborrecido, Lilico estudava seus novos companheiros. Tinha um japonês de cabelos espetados com jeito de *nerd*. Uma garota de olhos azuis, vinda do Sul, pareceu-lhe fria e arrogante. Um menino alto, que quase bateu no teto quando se ergueu, dava toda a pinta de ser um bobo. E a menina que morava no sítio? A coitada comia palavras, olhava-os assustada, igual um bicho do mato. O mulato, filho de pescador, falava arrastado, estalando a língua, com sotaque de malandro. E havia uns garotos com tatuagens, umas meninas usando óculos de lentes grossas, todos esquisitos aos olhos de Lilico."

- O trecho acima revela alguns tipos de preconceitos. Quais são eles?
___
___
___

4 Qual foi a oportunidade que Lilico teve para mudar sua visão a respeito dos novos colegas?
_____
_____

5 Lilico descobriu que seus novos colegas tinham características positivas e, portanto, cada um tinha uma contribuição importante para o grupo.

a) O que a menina que morava no sítio tinha a oferecer para a turma?
_____

b) E o colega alto?
_____

c) E o mulato, filho de pescadores, o que poderia dar aos meninos da turma?
_____
_____

d) O que o surpreendeu na garota gaúcha?
_____

6 Você já teve sentimentos e atitudes semelhantes às de Lilico? Conte para a sua turma.

REFLEXÃO SOBRE O USO DA LÍNGUA

Verbo (I) – uso e função

1 Releia o trecho abaixo, retirado do texto "Uma lição inesperada", para responder às questões a seguir.

> "Acordou feliz da vida, tomou o café da manhã às pressas, pegou sua mochila e foi ao encontro deles. Abraçou-os à entrada da escola, mostrou o relógio que ganhara de Natal, contou sobre sua viagem ao litoral. Depois ouviu as histórias dos amigos e divertiu-se com eles [...]."

Como já aprendemos na unidade anterior, nas histórias há um **narrador** que relata fatos, envolvendo **personagens** que **agem** e dialogam em um espaço e durante um período de tempo.

a) Quais são as palavras que expressam as ações da personagem no trecho extraído?
_____
_____

b) É possível perceber se as ações acontecem no presente, no passado ou no futuro? Justifique sua resposta.

c) Se as ações de Lilico ainda não tivessem acontecido e o narrador fosse nos contar suas ações futuras, como ficaria a frase abaixo? Reescreva-a fazendo as alterações necessárias.

> "**Acordou** feliz da vida, **tomou** o café da manhã às pressas, **pegou** sua mochila e **foi** ao encontro deles."

Com esses exercícios, você pôde perceber que as palavras que expressaram as ações das personagens – **acordou, tomou, pegou, foi, abraçou, mostrou, ganhara, contou, ouviu, divertiu-se** – sofreram alterações na forma quando quisemos mudar o tempo do passado para o futuro.

> **Importante saber**
> As palavras que exprimem ações que acontecem em determinado tempo fazem parte de uma classe gramatical chamada **verbo**.

2 Agora observe novamente o trecho.

> "**Acordou** feliz da vida, **tomou** o café da manhã às pressas, **pegou** sua mochila e **foi** ao encontro deles."

a) Se quiséssemos acrescentar um pronome pessoal do caso reto no início desse trecho, que pronome utilizaríamos?

b) A que pessoa do discurso esse pronome se refere?

3 Se a história fosse contada por Lilico, ou seja, se fosse contada por um narrador-personagem, como ficaria o trecho abaixo? Reescreva-o fazendo as alterações necessárias.

> **Abraçou**-os à entrada da escola, **mostrou** o relógio que **ganhara** de Natal, **contou** sobre **sua** viagem ao litoral. Depois **ouviu** as histórias dos amigos e **divertiu-se** com eles [...]

_____
_____
_____

Importante saber

Os **verbos** sofrem variações de acordo com o **tempo** em que as ações acontecem (passado, presente, futuro).

Lilico **acordou** feliz da vida naquele dia.

Lilico **acorda** feliz da vida todos os dias.

Lilico **acordará** feliz da vida amanhã.

Os **verbos** sofrem variações de acordo com **as pessoas do discurso** às quais estão relacionados.

1ª pessoa do singular: eu **tomei** o café da manhã às pressas.

2ª pessoa do singular: tu **tomaste** o café da manhã às pressas.

3ª pessoa do singular: ele **tomou** o café da manhã às pressas.

1ª pessoa do plural: nós **tomamos** o café da manhã às pressas.

2ª pessoa do plural: vós **tomastes** o café da manhã às pressas.

3ª pessoa do plural: eles **tomaram** o café da manhã às pressas.

Aplicando conhecimentos

1 Escreva um pequeno parágrafo contando como é o seu dia a dia. Comece com a expressão "Todos os dias eu...".

- Depois de elaborar o texto, responda oralmente: que tempo verbal você usou para construir o parágrafo? Por quê?

2 Preencha as lacunas da história "As rãs e o sapo" com os verbos do quadro.

retrucou   secou   viviam   chegaram   foram   disse

As rãs e o sapo

Duas rãs _____ num pântano. Mas no verão o pântano _____ e elas _____ procurar outro lugar para morar. _____ perto de um poço. Uma _____: "Parece um lugar gostoso e úmido. Vamos pular e fazer a nossa casa." Mas a outra _____: "Vamos com calma, amiga. Se este poço secar, como vamos sair e pular?" [...]

William J. Bennett. *O livro das virtudes I*. Rio de Janeiro: Nova Fronteira, 1996.

3 Reescreva o trecho a seguir, colocando os verbos no tempo presente.

> "Duas rãs **viviam** num pântano. Mas no verão o pântano **secou** [...]"

_____

- A mudança do tempo dos verbos modificou o sentido do texto. Explique qual foi a mudança.

_____

Ritmo

Na porta
a varredeira varre o cisco
varre o cisco
varre o cisco

Na pia
a menininha escova os dentes
escova os dentes
escova os dentes

No arroio
a lavadeira bate roupa
bate roupa
bate roupa

até que enfim
se desenrola
toda a corda
e o mundo gira imóvel como um pião!

Mário Quintana. *Apontamentos de história sobrenatural*. São Paulo: Globo, 2005

a) Copie os verbos que aparecem no poema.

_____

b) Em que tempo verbal eles estão?

_____

147

c) Os verbos usados no poema indicam ação, estado ou fenômeno da natureza?

d) Observe a repetição dos verbos nas três primeiras estrofes do poema. Qual a impressão que temos sobre as ações da varredeira, da menininha e da lavadeira, por causa da repetição dos verbos?

e) Na última estrofe, o poeta compara o mundo a um pião. Complete a frase a seguir com base no sentido do texto.

Como o pião, a _____ gira sobre o próprio eixo mas parece não _____ do lugar em que está.

4 A cruzadinha a seguir apresenta verbos no passado. Preencha os números que faltam de acordo com as dicas a seguir.

1. Verbo amar; primeira pessoa do singular; tempo passado.

2. Verbo correr; primeira pessoa do plural; tempo passado.

3. Verbo sair: terceira pessoa do plural; tempo passado.

4. Verbo partir: terceira pessoa do plural, tempo passado.

5. Verbo chegar: primeira pessoa do plural, tempo presente.

6. Verbo viver: primeira pessoa do singular, tempo presente.

7. Verbo comer: segunda pessoa do singular, tempo presente.

8. Verbo sentir: primeira pessoa do plural, tempo futuro.

9. Verbo pôr: terceira pessoa do plural, tempo futuro.

3. S A Í R A M

2. C O R R A M O S

a) Responda: qual dos itens da cruzadinha traz uma conjugação verbal que costuma ter, na fala, um uso variado em lugares diferentes do Brasil?

b) Que resposta, além de ser um verbo, pode ser um substantivo, significando outra coisa no contexto da frase a seguir?

A família guardava todas as coisas velhas no _____ da casa.

PRÁTICA DE LEITURA

Texto 3 – **Verbete**

Antes de ler

1. Leia no texto apenas o trecho em azul e compare as informações contidas nele com a ilustração. A qual elemento da ilustração elas se referem?

2. Pela ilustração, o que é possível deduzir do assunto do texto?

Taj Mahal, um palácio oriental

Um comprido espelho d'água no centro de um pátio reflete a imagem dos visitantes que se aproximam. Quatro torres laterais protegem a construção. Ao centro, o grande palácio de mármore branco. O Taj Mahal, uma das construções mais belas do mundo, é um palácio de estilo oriental.

Sua maior cúpula, no centro do palácio, é arredondada e tem a forma de um balão, como se alguém tivesse assoprado seu interior. Duas cúpulas pequenas ficam ao lado dessa principal. As duas pequenas lembram grandes turbantes árabes.

O enorme Taj Mahal, na cidade de Agra, na Índia, parece que vai se desprender da terra e sair voando como um tapete mágico.

Fachada do Taj Mahal.

A construção do palácio começou no fim de uma linda história de amor. O príncipe persa Shah Jahan era muito poderoso e namoradeiro. Ele tinha um harém: eram mais de trezentas moças à disposição do príncipe! A cada noite ele escolhia uma mulher diferente para namorar.

Certo dia, quando estava com 21 anos, Shah Jahan se apaixonou por uma dessas namoradas, chamada Arjumand Begum. De uma hora para outra, nenhuma de suas trezentas namoradas o fazia feliz. O príncipe não queria saber de mais ninguém. Shah Jahan e a bela Arjumand casaram-se e tiveram 13 filhos!

149

Mas um acontecimento trágico pôs fim a essa história de amor, e deu origem a um dos mais lindos palácios do mundo... [...]

Quando o 14º filho de Shah Jahan e Arjumand estava nascendo, ela não suportou as dores do parto e morreu. O príncipe se desesperou e quase morreu também, de tristeza e desgosto. Para abrigar o corpo de sua amada, ele decidiu construir um palácio. Shah Jahan convidou os maiores artistas e arquitetos dos impérios persa e mongol, mandou comprar os melhores mármores, encomendou rubis e jades para decorar o mais belo túmulo que alguém poderia ter.

O Taj Mahal demorou 22 anos para ser construído e ficou pronto em 1653. Shah Jahan resolveu então construir um novo palácio, onde ele próprio seria enterrado. Mas seus filhos não deixaram o príncipe cometer mais essa loucura e o prenderam em uma fortaleza. Quando ele morreu, também foi enterrado no Taj Mahal, ao lado do seu amor. Shah Jahan e Arjumand Begum dormem juntos para sempre no mais lindo palácio do mundo.

Disponível em: <http://www.canalkids.com.br/viagem/mundo/tajmahal.htm>. Acesso em: jan 2012.

Por dentro do texto

1 O texto foi dividido em cinco partes, representadas por diferentes cores. Relacione cada quadro a seguir com os trechos do texto correspondentes ao assunto tratado. Identifique-os pelo nome das cores.

1. História que motivou a construção do palácio indiano.

2. Tempo de duração da construção.

3. Descrição do palácio.

4. Acontecimentos ocorridos depois da construção do Taj Mahal.

5. Localização do Taj Mahal no espaço e no tempo.

☐ vermelho
☐ cinza
☐ verde
☐ azul
☐ marrom

2 Com base nas informações do texto, explique o que querem dizer os trechos a seguir.

a) "A construção do palácio começou no fim de uma história de amor."

_____
_____
_____

b) "Shah Jahan e Arjumand Begum dormem juntos para sempre no mais lindo palácio do mundo."

_____

_____

3 Releia este trecho da história contada no verbete.

> "[...] Quando o 14º filho de Shah Jahan e Arjumand estava nascendo, ela não suportou as dores do parto e morreu. O príncipe quase se desesperou e morreu também, de tristeza e desgosto. Para abrigar o corpo de sua amada, ele decidiu construir um palácio. Shah Jahan convidou os maiores artistas e arquitetos dos impérios persa e mongol, mandou comprar os melhores mármores, encomendou rubis e jades para decorar o mais belo túmulo que alguém poderia ter."

a) Assinale a alternativa que resume a ideia principal que esse parágrafo narra.

[   ] O nascimento do 14º filho de Shah Jahan e Arjumand.

[   ] A vinda os maiores artistas e arquitetos dos impérios persa e mongol convidados pelo príncipe

[   ] A morte da princesa Shah Jahan no parto e a construção do palácio em homenagem a ela.

b) Sublinhe no trecho as informações que narram pontualmente a ideia central referente à alternativa que você assinalou.

c) O parágrafo dá mais detalhes sobre os fatos principais. Cite um ou dois exemplos de informações que giram em torno da ideia principal.

_____

_____

Importante saber

A **ideia principal** de um texto é o tema central sobre o qual o texto fala. Quando se pergunta "sobre o que o texto está tratando?", busca-se encontrar sua **ideia principal**, também chamada **ideia central**.

Ligadas à ideia principal estão outras informações: as **ideias secundárias**. Cada parágrafo ou cada parte de um texto pode conter um tópico (assunto) principal com outras informações relacionadas a ele.

Nem sempre a ideia principal aparece claramente em um texto. Às vezes, é preciso encontrá-la lendo todo o texto e prestando atenção a cada informação. As palavras que fazem a ligação entre as ideias e até mesmo o título do texto podem oferecer pistas para a compreensão da ideia principal e das secundárias.

Texto e construção

1 Todo texto é produzido com uma intenção. Leia os quadros abaixo e assinale a alternativa que indica a intenção do texto 3.

☐ Debater sobre um problema social.

☐ Instruir alguém para realizar uma ação.

☐ Expor informações, transmitir conhecimentos sobre determinado assunto.

☐ Vender um produto.

2 Para apresentar o assunto do texto, foi necessária a construção de trechos descritivos. Transcreva do texto um trecho que comprove essa afirmação.

_____
_____
_____
_____
_____

3 Além de trechos descritivos, o texto apresenta também trechos narrativos. Por que contar a história de Lhah Jahan e Arjumand Begum?

_____
_____
_____
_____
_____
_____
_____

> **Importante saber**
>
> O **verbete** é um gênero textual que tem como objetivo a exposição de informações. No entanto, no caso do texto lido, foi necessário que o leitor conhecesse a história do príncipe e da princesa para compreender o que motivou a construção do palácio. Por essa razão, a sequência narrativa também compõe o texto.

DE OLHO NA ESCRITA

Pontuação

1) O trecho de um diálogo entre a raposa e o principezinho.

> – Há caçadores nesse planeta?
> – Não.
> – Que bom! E as galinhas?
> – Também não.
> – Nada é perfeito! – suspirou a raposa.

Observe a pontuação do diálogo e responda:

a) Quando se tem dúvida e se deseja fazer perguntas, que tipo de pontuação é usada?
___
___

b) Para responder de modo afirmativo as perguntas da raposa, que pontuação é usada na fala do principezinho?
___
___

c) Uma das falas da raposa revela que ela expressa um sentimento diferente diante de determinada resposta do principezinho. O narrador disse que, ao responder, a raposa suspirou. Que sinal de pontuação expressou esse falar da raposa?
___
___

Importante saber

- O ponto de interrogação é usado para indagar, perguntar, questionar. Exemplo:
  – Que quer dizer cativar**?**

- O ponto de exclamação expressa o sentimento, a emoção do falante diante de algo.
  – A quinta-feira então é o dia maravilhoso**!**

- Para encerrar uma frase, emprega-se o ponto-final.
  – No dia seguinte o principezinho voltou**.**

153

2) Leia a história em quadrinhos.

SURIÁ

— AGORA QUE ESTAMOS NAMORANDO, O QUE A GENTE FAZ?
— PASSEAR DE MÃO DADA É LEGAL!
— MAS NÃO É SÓ ISSO!
— TEMOS QUE VER UNS ADULTOS PRA APRENDER!
— OLHA LÁ, POR EXEMPLO.
— VAMOS FAZER IGUAL?
— ACHO DIFÍCIL!... ...MEU PAI NÃO EMPRESTA NEM O CANIVETE, IMAGINA O CARRO!

Laerte. *Suriá, a garota do circo*. São Paulo: Devir/Jacarandá, 2000.

a) No segundo e terceiro quadrinhos, qual é a intenção da fala das personagens?
_____

b) Quantas perguntas há no texto? Quantas respostas?
_____

3) Observe a pontuação das frases da história em quadrinhos e responda.

a) Se no segundo quadrinho as falas das personagens expressassem uma certeza sobre o fato que comentam, que pontuação deveria ter sido usada?
_____

b) Copie do texto uma frase interrogativa e uma exclamativa.
_____

c) Justifique a pontuação usada nos dois últimos quadrinhos da história.
_____
_____

4) No conto "Uma lição inesperada", o ponto de interrogação não é usado em um diálogo entre personagens, mas para contar a história. Observe.

> "[...] Um menino alto, que quase bateu no teto quando se ergueu, dava toda a pinta de ser um bobo (.) E a menina que morava no sítio (?) A coitada comia palavras... [...]"

a) Esse modo de narrar, lançando uma pergunta e depois a resposta para ela, em tom de conversa indica que o narrador se dirige:

[ ] às personagens   [ ] ao protagonista   [ ] ao leitor do conto

154

b) No trecho lido, circule com caneta o ponto de interrogação e a lápis o ponto final.

c) Suponha que partes da história em quadrinhos de Suriá fosse contada conforme aparece a seguir. Coloque o ponto de interrogação e o ponto final nos trechos de modo que eles lembrem uma conversa com o leitor.

Qual é a última novidade sobre a personagem Suriá ☐ A menina acaba de começar um namoro ☐

Sabe o que fizeram Suriá e o namorado ☐ Espiaram os adultos para saber como é que se namorava ☐ E descobriram um casal de namorados em um belo carrão ☐

5) Há frases que, por serem usadas com certa frequência em situações do cotidiano, podem oferecer pistas sobre o contexto em que costumam ser empregadas. Pontue as frases a seguir e aponte para elas uma situação de comunicação possível de elas serem usadas. Veja um exemplo.

a) Fogo! (Costuma ser usada para indicar incêndio)

b) Socorro ☐

_____

c) Estou certo disso como dois mais dois são quatro ☐

_____

d) Mais vale um pássaro na mão do que dois voando ☐

_____

e) Tudo bem com você ☐

_____

f) Quanto custa esse caderno ☐

_____

PRODUÇÃO DE TEXTO

Neste capítulo, você conheceu histórias que falam de amizade e de amor. Leu um trecho da obra *O pequeno príncipe* e, no verbete sobre o Taj Mahal, conheceu a história de amor vivida pela princesa Shah Jahan e o príncipe Arjumand.

O autor do verbete, para falar sobre a construção do Taj Mahal, teve que pesquisar sobre a história de amor que motivou sua construção. Você fará o mesmo. Pesquisará sobre uma história de amor célebre, real ou fictícia, e produzirá um verbete sobre as razões de essa história ter se tornado conhecida. No interior do texto, exponha informações, mas não deixe de narrar brevemente a história desse casal. Há situações que não correspondem a uma única história, mas a várias delas vividas pelo casal. Nesse caso, escolha um desses fatos para narrar em seu verbete. Só não se esqueça de que o verbete também precisará expor informações, além de narrar.

Com a pesquisa, você vai descobrir que há muitos casais famosos que eternizaram suas histórias por séculos. Veja algumas sugestões e, junto com os colegas e o professor, amplie a lista.

- Tristão e Isolda

- Eros e Psiquê

- Lampião e Maria Bonita

- Romeu e Julieta

- _____

Para ilustrar a sua narrativa, cole uma imagem do casal escolhido, acomodando-o junto ao texto. Os textos produzidos podem ser reunidos em um mural. Uma sugestão é publicar um ou dois textos de cada vez e ir trocando as histórias do mural semanalmente.

PLANEJE SEU TEXTO

Responda a cada uma das questões do quadro como modo de planejamento. Amplie o número de itens, se precisar. Verifique se cumpriu o planejado na hora de avaliar o texto.

PARA ESCREVER O VERBETE SOBRE UMA HISTÓRIA DE AMOR	
1. Qual é o público leitor do texto?	
2. Que linguagem vou empregar?	
3. Qual é a estrutura que o texto vai ter?	
4. Onde o texto vai circular?	

ORIENTAÇÕES PARA PRODUÇÃO

1. Pesquise textos diversos sobre o casal escolhido. Sublinhe as informações principais da história para que, dentro do verbete, você possa contá-la. Reserve essas informações.

2. Pesquise informações extras, curiosidades, contexto, informações históricas relacionadas aos fatos principais da narrativa, tanto para o caso das personagens que existiram na realidade ou para o caso das personagens fictícias. As impressões contidas no verbete precisam ser objetivas e sustentadas por informações obtidas em sua pesquisa.

3. Lembre-se de que outras informações deverão girar em torno da ideia principal, portanto, não perca de vista o objetivo do seu texto. O que de fato você deseja expor? Para responder a essa pergunta, busque selecionar o que de mais interessante há em sua pesquisa.

4. Ao narrar, você deverá situar o leitor a respeito do tempo (quando) e do espaço (onde) em que os fatos ocorreram.

5. Em textos desse gênero, há ocasiões em que o autor costuma se dirigir ao leitor, como se estivesse conversando com ele. Caso queira, você poderá lançar mão desse recurso. No conto "Uma lição inesperada" o autor conseguiu esse efeito lançando perguntas e, em seguida, respondendo-as.

6. Já que os textos vão ser expostos em um mural, é importante o conforto visual do visitante ao lê-los. Então, combine com o professor o tamanho da letra a ser usado para digitar ou transcrever o seu rascunho. Decidam também de que modo a imagem relacionada ao texto será acomodada no mural.

7. Não se esqueça de fazer uma avaliação de seu texto antes de passá-lo a limpo na folha definitiva. Seu professor vai ler o texto e orientá-lo sobre quando e como registrá-lo na folha definitiva.

AVALIAÇÃO E REESCRITA

1. Volte ao quadro de planejamento para verificar se escreveu o texto de acordo com o que planejou.

2. Você já sabe que, para evitar repetições, pode usar os pronomes para substituir ou se referir a outras palavras do texto. Observe atentamente o seu texto, verificando se utilizou adequadamente esse recurso da língua.

3. Caso necessite, peça orientação ao seu professor. Depois, verifique outros aspectos do texto, como: pontuação, ortografia, uso de parágrafos, letra maiúscula para escrever nomes próprios e fique atento(a) a todas as orientações para a produção.

4. Por fim, passe a primeira versão do texto a limpo, entregue-a ao professor e aguarde orientações para a montagem do mural.

LEIA MAIS

Nesta unidade, um dos temas presentes nos textos foi o da amizade. Em livros, jornais, revistas e *sites* há textos que tratam sobre esse tema: mensagens, frases, poemas. Que tal coletar alguns desses textos, selecionar aquele que você considerou melhor para oferecer a um amigo e escrevê-lo ou anexá-lo a um e-mail para enviar a ele?

PREPARANDO-SE PARA O PRÓXIMO CAPÍTULO

Converse com as pessoas de sua casa e, em seu caderno, anote o nome de três elementos que, na opinião de sua família, fazem parte da cultura do homem do campo, da vida rural. Podem ser elementos relacionados a: alimentação, música, festas, dança, trabalho, lazer, maneira de falar.

Capítulo 2 — HISTÓRIAS QUE O POVO CONTA

PRÁTICA DE LEITURA

O ator Mazzaropi caracterizado como Jeca Tatu, o caipira ingênuo que divertiu inúmeras plateias com seus filmes, produzidos no Brasil principalmente nas décadas de 1950 e 1960.

Antes de ler

1. Que palavras vêm ao seu pensamento ao observar essa foto?

2. A personagem representada na foto vive num ambiente rural onde é comum as pessoas contarem histórias, em volta da fogueira, perto do fogão a lenha. Pense em uma história que ela poderia contar. Que tipo de história seria essa?

3. Você gosta de ouvir histórias? Histórias reais ou fictícias (inventadas)? Por quê?

4. Leia a história a seguir e verifique se ela é parecida com aquela que você imaginou ao responder à questão 3.

Texto 1 – Causo

Num rancho às margens do rio Pardo

Era um matuto dos bons e vivia num rancho às margens do Rio Pardo, perto de Cajuru. Seu Ico era o apelido dele. Acreditava em tudo que via e ouvia.

E tinha opiniões muito firmes sobre coisas misteriosas. Adorava contar casos de assombração e outros bichos:

– Fui numa caçada de veado no primeiro dia da quaresma! Ai, ai, ai! Num pode caçá na quaresma, mas eu num sabia. Aí apareceu a assombração! Arma penada do otro mundo. E os cachorro disparô. Foro tudo pro corgo pra modi fugi da bicha... Veado que é bão nem nu pensamento, pruque eis tamém pressintiru a penuria passanu ali pertu!

– Mas era assombração mesmo, seu Ico?

– Pois u que havera di sê? Esse mundo é surtido!

Pois no mundo sortido do seu Ico também tinha saci!

– Quando é que o senhor viu saci, seu Ico?

– Ara! Vi a famia toda, num foi um saci só...Tinha o saci, a sacia gravi (ele queria dizer grávida), e os sacizim em riba da mãe, tudo pulano numa perna... – E o que eles fizeram ou disseram pro senhor?

– Nada... O saci cachaço inda ofereceu brasa pro meu paiero (tradução: o saci-pai acendeu o cigarro de palha dele). Gardicido!, eu disse... e entrei pa dentro modi num vê mais as tranquera...

E mula sem cabeça? Ah, seu Ico garante que existe:

– Essa eu nunca vi, mas ouvi o rinchado dela umas par de veis... E otro que eu tamém vi foi o tar de lobisome! Ê bicho fei! Mai num feis nada... desvirô num cachorro preto e sumiu presse mundão de meu Deus. Agora, em dia de pescaria, aparece muito é caboco-d'água. Um caboquim pretim e jeitado que mora dentro do rio... Ah, e tem que vê tamém o caapora. Grandão qui nem ele só, com um corpo peludo. Bichu fei! E o curupira! Vichi Maria, é fei dimais, tem pé virado pa trais...

– E com tudo isso o senhor ainda se arrisca a ir pro meio do mato, seu Ico?

– Pois vô sem medo! Qué sabê? – Dá uma gargalhada rouca e faz um ar maroto. – Qual! Tenho muito, mais muito mais medo é de gente vivo!

Equipe Xico da Kafua, 24 nov. 2007.
Disponível em: <http://www.xicodakafua.com.br/causos_detalhe.php?cod=9>.
Acesso em: fev. 2012.

Por dentro do texto

1 Complete com as informações corretas sobre o texto:

Nesse texto um narrador fala sobre seu _____, um homem do _____ que diz ter visto diferentes tipos de _____. Para descrever o matuto, o narrador apresenta sua conversa com ele.

2 Releia as perguntas ou comentários que o narrador dirige a seu Ico.

> – Mas era assombração mesmo, seu Ico?
> – Quando é que o senhor viu saci, seu Ico?
> – E o que eles fizeram ou disseram pro senhor?

- Qual é a intenção do narrador ao fazer essas perguntas?
_____
_____

3 O narrador, além de mostrar ao leitor os causos de seu Ico, retrata-o como uma personagem bem interiorana. Destaque palavras, expressões ou frases que identifiquem seu Ico como tal.
_____
_____

4 Quais são os seres sobrenaturais citados por seu Ico?
_____
_____

5 Você já viu um contador de causo pessoalmente ou pela tevê? Explique sua resposta.
_____
_____

> **Importante saber**
>   Os **causos** são histórias de tradição oral, contadas, geralmente, em uma linguagem espontânea, que registra o jeito de falar típico de determinada região ou localidade. Envolvem fatos pitorescos, reais, fictícios ou ambos; e podem ou não envolver o narrador.
>   Os **contadores de causos** apresentam vários recursos que costumam prender a atenção de seus ouvintes, como entonação, gestos, suspense, efeitos de surpresa, humor etc. Características como sotaque e vocabulário da região são naturais a muitos deles.

6) Circule nas frases a seguir as palavras cujo significado você desconheça. Primeiramente tente descobrir o sentido dos termos, observando a relação que estabelecem com outras palavras. Depois, copie as frases, substituindo as palavras circuladas pelo significado encontrado que seja mais adequado ao contexto.

a) "Era um matuto dos bons [...]"
_____

b) "Dá uma gargalhada rouca e faz um ar maroto."
_____

REFLEXÃO SOBRE O USO DA LÍNGUA

Verbo (II) – variação de tempo, pessoa

1) Observe a frase a seguir.

> [...] o saci-pai acendeu o cigarro de palha dele.

a) Que ação é apresentada no trecho destacado?
_____

b) Quem pratica essa ação?
_____

c) O fato relatado já ocorreu ou está ocorrendo?
_____

2) Observe o tempo dos verbos no trecho a seguir.

> E mula sem cabeça? Ah, seu Ico **garante** que **existe** [...]

a) Eles estão no presente, no passado ou no futuro?
_____
_____
_____

161

3 Vamos relembrar algumas características do verbo, estudado no capítulo anterior.

> Os verbos sofrem **variações** de acordo com o **tempo** e com as **pessoas** do discurso aos quais estão relacionados.

- Leia as frases a seguir e responda ao que se pede.

> Esse mundo **é** surtido!

ele – **3ª pessoa** do singular

> Seu Ico **era** um matuto dos bons.

ele – **3ª pessoa** do singular

> Eu **era** um ouvinte atento dos "causos" de seu Ico.

eu – **1ª pessoa** do singular

a) Que tempo expressam as palavras **é** e **era**?
___
___

b) A que expressões elas estão relacionadas?
___
___

c) Pensando nas respostas que você deu, é possível afirmar que as palavras **é** e **era** são verbos? Por quê?
___
___

d) As palavras **é** e **era** indicam ação ou modo de ser? Explique sua resposta.
___
___

Importante saber

Além de expressar **ações**, os verbos podem indicar **modos de ser, estado** e **fenômeno da natureza**. Leia este trecho de canção.

> **Amanheceu**, **peguei** a viola
>
> **botei** na sacola e **fui viajar.**
>
> **Sou** cantador
>
> e tudo nesse mundo
>
> vale pra que eu **cante** e **possa praticar**.

Renato Teixeira. *Amanheceu, peguei a viola.*
Disponível em: <http://www.mpbnet.com.br/musicas/
renato.teixeira/letras/amanheceu_peguei_a_viola.htm>.
Acesso em: dez. 2008.

Amanhecer é um verbo que expressa fenômeno da natureza.

Pegar, **botar**, **viajar**, **cantar** e **praticar** são verbos que expressam ações.

Ser é um verbo que expressa o modo de ser.

Quando dois ou mais verbos se unem para expressar uma ideia, temos uma **locução verbal**. Veja.

Amanheceu,/peguei a viola/botei na sacola/e **fui viajar**.
↓
locução verbal

Sou cantador/e tudo nesse mundo/vale pra que eu cante e **possa praticar**.
↓
locução verbal

Aplicando conhecimentos

1) Passe para o plural os termos em destaque, fazendo as adaptações necessárias.

a) **Você** sabe o que é um azucrim?
___

b) **Esta** é a forma usada também nas peças de Gil Vicente.
___

c) Como é que **o caipira** diz amanhã?
___

d) **O caipira** fala muito certo.
___

e) E, se chegar num circo, **o caipira** vai ver os "alifantes".
___

163

2 O anúncio publicitário a seguir divulga uma coleção de CDs. Leia-o e responda às questões.

Revista *Kalunga*. São Paulo, ano XXXIII, n. 179, dez. 2005.

a) O *slogan* do anúncio "Vamos tirar o Brasil da gaveta!" utiliza-se de uma expressão figurada. Essa expressão quer dizer que a cultura, a música brasileira precisa ser resgatada, divulgada.

• Assinale a frase que combina melhor com essa ideia.

[   ] É preciso trazer à tona o hábito de comprar CDs.

[   ] É preciso trazer à tona os elementos da cultura brasileira.

[   ] É preciso trazer à tona os lançamentos da gravadora que anuncia o produto.

b) Copie do texto uma locução verbal.

_____

_____

c) A locução verbal retirada do texto chama o leitor a uma ação "Vamos tirar...". O que se espera que o leitor faça com relação ao produto anunciado?

_____

_____

3 Para cada frase, forme uma locução verbal em que o verbo com sentido semelhante ao que está entre parênteses.

a) Vamos _____ um produto mais barato? (adquirir)

b) Ela _____ viajar na próxima semana. (almeja, anseia)

c) Eu posso _____ sua amiga sempre que ela precisar. (acolher, abrigar)

d) Vou _____ o livro assim que eu puder ir à sua casa. (restituir)

e) Os fatos acabaram _____ contra a minha vontade. (acontecer)

4 Nas expressões destacadas a seguir, indique quais se referem a verbos que indicam ação, modo de ser ou fenômeno da natureza.

a) Chovia mais do que o normal.
_____
_____

b) Era uma pessoa viva, cheia de alegria.
_____
_____

c) Andou muito até que encontrou a farmácia.
_____
_____

5 Reescreva o trecho abaixo, substituindo os verbos em destaque de modo que o sentido do texto se altere: em vez de narrar que o dia está começando, deve narrar que o dia está terminando.

> **Amanhecia**. Resolveu ir à cozinha preparar alguma coisa. Queria se adiantar. Precisava resolver o que iria **almoçar** mais tarde. E preparou a comida mais gostosa do mundo. Fartou-se. Estava uma delícia. Em seguida tomou banho, escovou os dentes, vestiu-se e resolveu **sair**.

_____
_____
_____
_____
_____
_____
_____
_____
_____
_____
_____

165

PRÁTICA DE LEITURA

Texto 2 – Causo

Antes de ler

Preencha os espaços com as palavras do quadro, para completar o sentido do texto.

acordou   resolveu   parou   encontrou   levava   pediu   perguntou

O defunto vivo

Um homem dirigia um caminhão que _____ um caixão de defunto para ser entregue numa cidade próxima. No caminho, um sujeito _____ carona e o motorista respondeu que ele poderia viajar na parte de trás, junto com o caixão. Foi quando começou a chover, e o caroneiro, não tendo onde se esconder da chuva, _____ abrigar-se dentro do caixão. Com o balanço da viagem, ele acabou pegando no sono.

Ao longo do caminho o motorista _____ mais pessoas pedindo carona, e recolheu a todas. Num momento em que a carroceria já estava apinhada de gente, o caminhão deu um solavanco ao passar por um buraco na estrada. A sacudida _____ o dorminhoco, que abriu a tampa do caixão e _____: "Será que já _____ de chover?"

Foi um deus nos acuda. As pessoas se jogaram do caminhão e dizem que até hoje ainda tem gente correndo...

Dr. Eco e Companhia. São Paulo: Paulus, ago. 1996.

Por dentro do texto

1. Compare o causo sobre seu Ico (texto 1) com "O defunto vivo" e identifique qual deles apresenta o falar caipira e qual apresenta uma linguagem mais próxima da norma urbana de prestígio.

_____
_____
_____

166

2 Compare agora a estrutura dos dois textos. Assinale só os aspectos que são comuns a ambos os textos.

- ☐ A maioria dos verbos no passado.
- ☐ Palavras ou expressões localizam os fatos no tempo e no espaço.
- ☐ O narrador envolvido na história.
- ☐ Humor.
- ☐ Um título que expressa o humor do texto.
- ☐ Fala de personagens.

3 De que maneira cada um dos textos provoca humor?

_____
_____
_____
_____
_____
_____

REFLEXÃO SOBRE O USO DA LÍNGUA

Verbo (III) – conjugações

1 Nos causos que você leu, são usados alguns recursos para situar no tempo os fatos ou para informar sobre ações das personagens ou, ainda, para dar continuidade ao fato narrado, enfim, para ajudar a construir a história.

- Copie do texto 2 as palavras ou expressões que indicam os elementos solicitados.

a) As personagens da história.

_____
_____

b) O tempo em que os fatos ocorrem.

_____

c) Os diferentes lugares onde os fatos ocorreram.

_____

d) Ações feitas pelas personagens (copie algumas delas).

_____

167

2 Releia o texto "O defunto vivo". Da lista de verbos a seguir, copie aqueles que não expressam ideia de tempo, ou seja, aqueles que não localizam os fatos no tempo.

| entregou/abrigar | levava | pediu | respondeu | correndo | chover | dirigir |

_____
_____

a) Agora verifique se as palavras que você copiou podem ser localizadas no dicionário.

b) As palavras que não foram copiadas podem ser localizadas no dicionário da maneira como estão escritas? Como você as encontra no dicionário?

_____
_____
_____
_____

Importante saber

Quando o verbo não se refere a nenhuma pessoa ou tempo verbal, dizemos que ele está no **infinitivo**.

Em português, todos os verbos pertencem a três conjugações e, para identificar a que conjugação um verbo pertence, é preciso colocá-lo no **infinitivo** e examinar sua terminação.

1ª conjugação: AR	2ª conjugação: ER	3ª conjugação: IR
abrigar	responder	pedir
levar	correr	dirigir

Aplicando conhecimentos

1 Escreva no infinitivo os verbos em destaque no trecho a seguir e indique a conjugação a que pertencem.

> "Ao longo do caminho o motorista **encontrou** mais pessoas **pedindo** carona, e **recolheu** a todas. Num momento em que a carroceria já **estava** apinhada de gente, o caminhão **deu** um solavanco ao passar por um buraco na estrada."

_____
_____
_____

168

2 Existe um verbo da 2ª conjugação que aparece no texto "O defunto vivo" que expressa um fenômeno da natureza. Qual é ele?

_____

3 Observe atentamente o cartum a seguir.

Luca Novelli. *Ecologia em quadrinhos*. São Paulo: Brasiliense, 1994. v. 2.

a) Assinale o único verbo no modo infinitivo que a ação de limpar denota no contexto da imagem.

[ ] varrer   [ ] equilibrar   [ ] cuidar   [ ] iluminar

b) Escreva, usando o modo infinitivo, as ações realizadas pelas personagens.

_____

_____

_____

c) Escreva uma frase transformando o substantivo "preservação" em verbo, considerando a ideia principal da charge.

_____

_____

_____

4 As formas verbais a seguir estão conjugadas no presente, passado ou futuro. Passe-as para o infinitivo:

cantando	viverei	estudava	sou	veem	vem
estaríamos	convenceu	fomos	discutimos	combinará	pusemos

169

DE OLHO NA ESCRITA

Acentuação dos monossílabos

Observe esta imagem:

Rondo Alla Turca
Turkish March
W. A. Mozart
Allegretto

1. Assinale o tipo de texto que está reproduzido na imagem anterior?

   [ ] cartaz   [ ] poema   [ ] partitura   [ ] estampa

2. O tempo é composto de notas musicais. Escreva o nome das sete notas musicais.

a) O nome de cada nota musical é formado por quantas sílabas?

_____

_____

Importante saber

As palavras escritas por você e que dão nome às notas musicais são formadas por apenas uma sílaba. O vocábulo que apresenta apenas uma sílaba é chamado **monossílabo**.

b) As letras que nomeiam as notas musicais são monossílabos tônicos (aqueles pronunciados com intensidade sonora). Que vogais podemos encontrar ao final dos monossílabos tônicos acentuados?

___

> **Importante saber**
>
> Acentuam-se os monossílabos tônicos terminados em:
>
> - a(s)
>
> Exemplos: já, pá
>
> - e(s)
>
> Exemplos: lê, mês
>
> - o(s)
>
> Exemplos: só, nós
>
> Lembre-se que eles podem aparecer seguidos de pronomes pessoais oblíquos e separados deles por hífen. Veja.
>
> Desejo vê-la mais vezes.
>
> A carta chegou, mas resolvi guar**dá**-la para **lê**-la mais tarde.

3 Com base na regra de acentuação estudada, escreva por extenso dois numerais: um que corresponda a um monossílabo que leva acento e outro a um monossílabo que não leva acento.

___

4 Passe as frases a seguir para o plural.

a) O nó ficou muito apertado.

___

b) Eu fui à sala do 6º ano B.

___

c) Circule, nas respostas das questões anteriores, os monossílabos e explique por que eles foram acentuados.

___

d) O que há de diferente entre esses monossílabos?

___

171

5 Passe a frase a seguir para o singular.

Os esquilos encontraram as nozes depois de muito procurarem.

_____

_____

_____

- Circule na resposta o monossílabo e responda: você o acentuou? Por quê?

_____

_____

_____

6 Dos monossílabos em destaque, acentue apenas os que forem tônicos.

De-me mais uma chance.	A casa dele fica **do** lado **de la**.
Ele queria levá-**la**, mas não chegou a tempo.	**Ha** dois dias **que** a gente não se **ve**.
So faltava essa!	**Va em paz**!

7 Acentue as palavras das frases quando for necessário. Justifique a sua resposta recorrendo à regra estudada.

a) Quem diz que cre no futuro deve ajudar a construí-lo.

_____

_____

b) Não ve que ainda não chegou a tua vez?

_____

_____

c) Elas foram más profissionais e por isso foram demitidas.

_____

_____

d) É preciso tirar o po dos móveis e guardar as pas do lixo.

_____

_____

8 Descubra, no diagrama cinco monossílabos acentuados e cinco não acentuados.

A	E	R	T	F	G	H	C	V	B	N	H	U
I	O	C	Q	T	A	R	E	I	F	V	Z	C
J	F	B	P	Ô	R	Q	W	É	O	P	F	C
R	S	C	V	H	J	G	A	T	N	I	D	D
E	S	S	E	M	Z	I	Y	C	Ó	G	Q	H
J	L	N	D	S	A	Z	R	E	M	J	P	O
D	S	F	C	Y	I	E	F	É	K	D	A	Q
R	T	A	H	R	F	R	A	M	N	O	U	I
I	P	X	Á	K	W	S	O	L	Y	R	C	V
F	G	H	J	L	S	A	D	I	E	O	A	Q
Q	E	R	T	Z	I	O	P	L	J	H	G	F

PRÁTICA DE LEITURA

Texto 3 – Causo

Antes de ler

A seguir, você vai ler uma história curiosa que se passa nos Pampas gaúchos.

Você conhece essa região do nosso país? Demonstre isso indicando no caderno qual foto representa essa área. Justifique a sua resposta.

Agora leia e divirta-se com o próximo texto escrito pelo grande escritor gaúcho Mário Quintana. Ele retrata, de forma bem-humorada, o espanto e a reação da população de uma pequena cidade diante da chegada inesperada de "um bicho estranho": o automóvel.

Trata-se de uma história curta, repleta de palavras e expressões típicas do Rio Grande do Sul. Por isso, para entendê-la, consulte o glossário.

Aquele animal estranho

Os do Alegrete dizem que o causo se deu em Itaqui, os de Itaqui dizem que foi no Alegrete, outros juram que só poderia ter acontecido em Uruguaiana. Eu não afirmo nada: sou neutro.

Mas, pelo que me contaram, o primeiro automóvel que apareceu entre aquela brava **indiada**, eles o mataram a pau, pensando que fosse um bicho. A história foi assim como já lhes conto, metade pelo que ouvi dizer, metade pelo que inventei, e a outra metade que sucedeu **às deveras**. Viram? É uma história tão extraordinária mesmo que até tem três metades... Bem, deixemos de **filosofanças** e vamos ao que importa. A coisa foi assim, como eu tinha começado a lhes contar.

Ia um **piazinho** estrada fora no seu **petiço** – trop, trop, trop – (este é o barulho do trote) – quando, de repente, ouviu – fufufupubum! fufufupubum chiiiipum!

E eis que a "coisa", até então invisível, apontou por detrás de um capão, bufando que nem touro brigão, saltando que nem pipoca, se traqueando que nem velha coroca, chiando que nem chaleira derramada e largando fumo pelas ventas como a mula sem cabeça.

"Minha Nossa Senhora!"

O piazinho deu meia-volta e largou numa disparada louca rumo da cidade, com os olhos do tamanho de um pires e os dentes **rilhando**, mas bem cerrados para que o coração aos **corcoveios** não lhe saltasse pela boca. É claro que o petiço **ganhou luz** do bicho, pois no tempo dos primeiros autos eles perdiam para qualquer **matungo**.

Chegado que foi, o piazinho contou a história como pôde, mal e mal e depressa, que o tempo era pouco e não dava para maiores explicações, pois já se ouvia o barulho do bicho que se aproximava.

Pois bem, minha gente: quando este apareceu na entrada da cidade, caiu aquele montão de povo em cima dele, os homens uns com porretes, outros com garruchas que nem tinham tido tempo de carregar de pólvora, outros com **boleadeiras**, mas todos de pé, porque também nem houvera tempo para montar, e as mulheres umas empunhando as suas vassouras, outras as suas pás de mexer marmelada, e os guris, de longe, se divertindo com os seus **bodoques**, cujos tiros iam acertar em cheio nas costas dos combatentes. E tudo abaixo de gritos e pragas que nem lhes posso repetir aqui.

Até que enfim houve uma pausa para respiração.

O povo se afastou, resfolegante, e abriu-se uma clareira, no meio da qual se viu o auto emborcado, amassado, quebrado, escangalhado, e não digo que morto porque as rodas ainda giravam no ar, nos últimos transes de uma teimosa agonia. E, quando as rodas pararam, as pobres, eis que o motorista, milagrosamente salvo, saiu penosamente engatinhando por debaixo dos escombros de seu ex-automóvel.

– **A la pucha!** – exclamou então um **guasca**, entre espantado e penalizado – o animal deu cria!

Mário Quintana. *Sapo amarelo*. São Paulo: Global, 2006.

Por dentro do texto

1) O que mais chamou a sua atenção na história?

_____
_____

2) No quarto parágrafo, o piazinho encontra "a coisa". Fica muito assustado e ruma para a cidade.

a) Faça duas listas: em uma delas, relacione as ações da "coisa" e, em outra, as ações dos moradores da cidade quando a "coisa" lá chegou.

_____
_____
_____

b) Dê dois exemplos de comparações feitas pelo narrador para descrever "a coisa".

_____
_____

c) A quem pertence a expressão "Minha Nossa Senhora"?

_____

De olho no vocabulário

Como você transmitiria as mesmas ideias abaixo, utilizando expressões típicas de sua região?

a) "[...] eles o mataram a pau."

_____
_____

b) "Ia um piazinho estrada fora no seu petiço [...]"

_____
_____

c) "A la pucha! – exclamou então um guasca, entre espantado e penalizado – o animal deu cria!"

_____
_____

PRODUÇÃO DE TEXTO

Escolha um dos causos contados em sua sala de aula para registrá-lo por escrito.

Depois desse registro, a oralização dos novos textos pode ser realizada em uma roda de leitura.

PLANEJE SEU TEXTO

Responda a cada um dos itens do quadro como modo de planejamento. Amplie o número de itens, se precisar. Verifique se cumpriu o planejado na hora de avaliar o texto.

PARA ESCREVER O CAUSO	
1. Qual é o público leitor do texto?	
2. Que linguagem vou empregar?	
3. Qual é a estrutura que o texto vai ter?	
4. Onde o texto vai circular?	

ORIENTAÇÕES PARA A PRODUÇÃO

1 Como, provavelmente, ela será um causo popular, terá muitas palavras e expressões usadas na língua oral. Assim como ocorre no texto "O contador de causo", é possível representar por escrito algumas palavras e expressões usadas pelas personagens ou pelos próprios contadores.

Você se lembra das palavras e expressões típicas das conversações espontâneas, como: **eu acho que**, **aí**, **né**, **então**, **viu** etc.? Elas podem ser usadas em seu texto, na fala das personagens, para fazer com que se aproximem do jeito de falar usado em situações desse tipo.

2 O narrador pode relatar os gestos e as expressões faciais das personagens... Esse recurso torna a cena mais viva para o leitor. No texto "Num rancho às margens do Rio Pardo", por exemplo, o narrador conta como foi o riso da personagem e indica sua expressão nesse momento: "Dá uma gargalhada rouca e faz um ar maroto".

3 Se as personagens tiverem nomes, registre-os na história; se não tiverem, você poderá criá-los de acordo com o ambiente e a situação narrada ou descrita.

4 Não se esqueça de usar as pontuações de diálogo, caso seja necessário representar a fala das personagens.

AVALIAÇÃO E REESCRITA

1 Se houver palavras no texto que buscam representar a fala ou determinado termo usado em uma variedade linguística específica, mantenha-as no texto escrito, buscando encontrar um modo de registrá-las. (Para ver exemplos desse tipo de representação, releia os causos do capítulo que acomodam marcas de oralidade e variantes linguísticas). Depois da consulta, verifique se o seu texto acomodou, na medida do possível, essas marcas.

2 Você fez uso da pontuação adequada para os trechos em que o discurso direto está presente?

3 Você deu um título ao texto?

4 Depois da revisão, passe o texto a limpo e o entregue ao professor.

5 Quando o professor devolver o texto, combinem com ele um dia para a leitura dos causos na roda.

LEIA MAIS

Uma das formas de divulgação da cultura popular em geral são os almanaques. Os almanaques são uma espécie de periódico (folheto, livreto ou revista) com temas e informações variados: textos de curiosidades, jogos, charadas, artigos diversificados. Esse tipo de material impresso, muito popular nas gerações passadas, voltou a povoar as bancas e pode ser encontrado também na internet. Portanto, se você quiser ter acesso a esse universo de assuntos variados e muitas vezes curiosos, procure os almanaques, informe-se e divirta-se.

PREPARANDO-SE PARA O PRÓXIMO CAPÍTULO

Escolha um destes nomes para pesquisar: La Fontaine; Monteiro Lobato; Esopo. Descubra a época em que essa pessoa viveu, o que ela fazia e por que ficou conhecida. Depois, conte o resultado da pesquisa para a sua turma quando o professor solicitar.

Unidade 4

Viva a natureza!

Nesta unidade, você estudará:

- **VERBO (IV) – INDICATIVO, SUBJUNTIVO E IMPERATIVO**

- **VERBO (V) – PRETÉRITO PERFEITO E PRETÉRITO IMPERFEITO**

- **INTERJEIÇÃO**

- **VERBO (VI) – FUTURO DO PRESENTE E FUTURO DO PRETÉRITO**

- **ONOMATOPEIA**

- **PRONOME DEMONSTRATIVO**

- **ORTOGRAFIA:**

- **ACENTUAÇÃO DAS PAROXÍTONAS**

- **ACENTUAÇÃO DAS OXÍTONAS**

PARA COMEÇO DE CONVERSA

Depois de ter estudado os causos populares, que tal conhecer mais sobre outras maneiras de contar histórias? Você já parou para pensar que as histórias não têm apenas um final? Pois bem, sempre há quem queira continuá-las, modificá-las, contá-las de outra maneira. Vamos fazer essa experiência?

As origens da fábula

As fábulas são contadas há mais ou menos 2800 anos. Orais ou escritas, elas têm a intenção de dar um conselho, alertar sobre algo que pode acontecer na vida real, transmitir algum ensinamento, fazer alguma crítica, uma ironia etc.

A maioria dessas histórias trata de certas atitudes humanas, como a disputa entre fortes e fracos, a esperteza de alguns, a ganância, a gratidão, o ser bondoso, o não ser tolo etc. Esses são alguns dos temas das fábulas.

As fábulas são tão antigas quanto as conversas dos homens. Como foram transmitidas oralmente, não sabemos quem as criou. De qualquer forma, conhecemos algumas fábulas que foram escritas no século VIII antes de Cristo, (800 anos antes do ano número 1!). Sabemos também que fábulas muito antigas, do Oriente, foram difundidas na Grécia no século VI a.C., há 2600 anos, por um escravo chamado Esopo.

Nos anos que se seguiram, elas continuaram a ser contadas e foram também escritas. Mais tarde, nos anos de 1600 (século XVII), o escritor francês Jean de La Fontaine, um nome muito importante no mundo das fábulas, reescreveu e adaptou as fábulas de Esopo, além de criar novas.

Muitos outros escritores escreveram fábulas no mundo inteiro. No Brasil, um dos escritores mais importantes que reescreveu antigas fábulas e criou novas foi Monteiro Lobato. Seus primeiros livros dirigidos às crianças foram publicados em 1921.

Monica Teresinha Ottoboni Sucar. *Trabalhando com os gêneros do discurso – Fábulas*. São Paulo: FTD, 2001. (Adaptado para fins didáticos).

La Fontaine

1. O ser humano sempre gostou de contar e ouvir histórias. Durante muitos séculos, as histórias eram transmitidas apenas oralmente, passando de pais para filhos. Muitas tinham como objetivo transmitir uma lição de vida. Você conhece alguma história desse tipo? Conte para os colegas.

2. Em que tipo de história os animais são personagens?

3. Há certo tipo de história que frequentemente acontece "no tempo em que os animais falavam". Você conhece histórias assim? Conte para seus colegas.

Capítulo 1
HISTÓRIAS QUE ENSINAM

PRÁTICA DE LEITURA

Você sabe o que é uma fábula? Você conhece alguma dessas histórias? Leia o texto a seguir para conhecer um pouco mais sobre esse gênero textual.

Texto 1 – Fábula

A cigarra e as formigas

Num belo dia de inverno as formigas estavam tendo o maior trabalho para secar suas reservas de trigo. Depois de uma chuvarada, os grãos tinham ficado completamente molhados. De repente aparece uma cigarra:

– Por favor, formiguinhas, me deem um pouco de trigo! Estou com uma fome danada, acho que vou morrer.

As formigas pararam de trabalhar, coisa que era contra os princípios delas, e perguntaram:

– Mas por quê? O que você fez durante o verão? Por acaso não se lembrou de guardar comida para o inverno?

– Para falar a verdade, não tive tempo – respondeu a cigarra. – Passei o verão cantando!

– Bom... Se você passou o verão cantando, que tal passar o inverno dançando? – disseram as formigas, e voltaram para o trabalho dando risada.

Moral: Os preguiçosos colhem o que merecem.

Russell Ash e Bernard Higton. *Fábulas de Esopo*. 7. ed. São Paulo: Companhia das Letrinhas, 1994.

Por dentro do texto

1 Identifique na história os elementos indicados.

a) Personagens.
_____

b) Situação-problema a ser resolvida pela cigarra.
_____
_____

c) Palavras ou expressões do texto que indicam o tempo e a duração dos acontecimentos da história.
_____

2 A cigarra tem sucesso ao tentar resolver seu problema? Por quê?
_____
_____
_____

3 Identifique o trecho que contém a lição que a fábula quer ensinar.
_____

4 Dentre as alternativas a seguir, qual expressa a mesma moral que a da fábula lida?

☐ Quem tudo quer tudo perde.

☐ Devagar se vai ao longe.

☐ Sem trabalho, não há recompensa.

☐ Quem semeia vento colhe tempestade.

5 Assinale a afirmativa que informa o tempo em que se passa a fábula "A cigarra e as formigas".

☐ A cigarra e a formiga conversam no verão sobre acontecimentos que ocorreram no inverno.

☐ As cenas da história perpassam as quatro estações do ano.

☐ O diálogo entre a cigarra e a formiga se passa no inverno. Elas conversam sobre fatos já ocorridos; sobre acontecimentos que ocorreram no verão.

☐ O diálogo entre a cigarra e a formiga se passa no inverno. Elas conversam sobre fatos que estão ocorrendo ainda no inverno.

6 É possível afirmar que essa fábula é um gênero textual que apresenta os principais elementos da narrativa? Explique.
___
___

7 Dê a sua opinião sobre a moral da fábula "A cigarra e as formigas". Você concorda com ela?
___
___

8 Em sua opinião, nos dias atuais, que tipo de pessoa representaria a cigarra? E as formigas?
___
___

> **Importante saber**
> A fábula apresenta uma situação-problema ou conflito que permite ao leitor refletir sobre fatos, situações ou atitudes. A **intenção da fábula** é aconselhar ou ensinar, criticar uma situação, apontar atitudes incoerentes ou contraditórias das pessoas e da sociedade.
> Toda fábula tem uma **moral**. A **moral da fábula** é geralmente expressa numa **frase curta que resume sua intenção**.
> Há fábulas em que os provérbios ou ditados populares aparecem como moral da história. Quando você produzir sua fábula, verifique se há algum provérbio que combine com o ensinamento ou com a crítica que seu texto quis transmitir.

9 Leia outra versão da fábula "A cigarra e a formiga".

A cigarra e a formiga

Aquele que trabalha
E guarda para o futuro
Quando chega o tempo ruim
Nunca fica no escuro
Durante todo o verão
A cigarra só cantava
Nem percebeu que ligeiro
O inverno já chegava
E quando abriu os olhos
A fome já lhe esperava
E com toda humildade

À casa da formiga foi ter
Pediu-lhe com voz sumida
Alguma coisa pra comer
Porque a sua situação
Estava dura de roer
A formiga então lhe disse
Com um arzinho sorridente
Se no verão só cantavas
Com sua voz estridente
Agora aproveitas o ritmo
E dance um samba bem quente.

Severino José. *Cordel*. São Paulo: Hedra, 2001.

a) Os dois textos que você leu narram a mesma história, entretanto eles organizam a mensagem de maneira diferente. Indique como cada texto organiza a fábula da cigarra e das formigas comparando-os quanto:

	TEXTO 1	TEXTO 2
À organização do texto		
Ao modo como a moral da história foi apresentada		

b) Copie os versos que apresentam a moral da história.

_____

_____

c) O texto em versos que conta a história da cigarra e da formiga é um poema de cordel. Leia o próximo texto para conhecer um pouco mais sobre essa espécie de composição poética.

Para você que é curioso

A história da Literatura de Cordel

... cuidado, cantor, pra não dizer palavra errada...

[...] Para lhes deixar a par
Sobre esta literatura
Que é a mais popular
E ainda hoje perdura
Vamos direto ao começo
Donde vem esta cultura

Sua primeira feitura
Na Europa aconteceu
Tipógrafos do anonimato
Botaram o folheto seu
Pra ser vendido na feira
E assim se sucedeu

Foi Portugal que lhe deu
Este nome de cordel
Por ser vendido na feira
Em cordões a pleno céu
Histórias comuns, romances
Produzidos a granel

O cordel introduzido
No Brasil foi gradual
Maior parte dos folhetos
Como patrimônio oral
Ingressou principalmente
Como histórias de sarau

Foi o Nordeste o local
Que lhe brasileirizou
Nos sertões familiares
Dos sertões onde chegou
Levando alegria ao povo
Pela voz do cantador [...]

Abdias Campos. *Folheto de cordel*. Recife, 2005.

REFLEXÃO SOBRE O USO DA LÍNGUA

Verbo (IV) – indicativo, subjuntivo e imperativo

Leia atentamente as frases a seguir, observando os verbos destacados.

1. Quem **semeia** vento **colhe** tempestade.

2. Se você **semeasse** vento, colheria tempestade.

3. Não **semeie** ventos, para não colher tempestade.

- Agora, reescreva o que se pede.

a) A frase em que os verbos em destaque exprimem a certeza sobre a realização da ação.

_____

b) A frase em que o verbo destacado exprime a incerteza sobre a possibilidade de realização da ação.

_____

c) A frase em que o verbo destacado exprime uma ordem, um pedido.

_____

> **Importante saber**
> Observe que, nas três frases do exercício, o verbo **semear** apresentou mudanças. Isso aconteceu para que o verbo pudesse indicar o **modo** como a ação acontece. Os verbos apresentam três modos.
>
> - **Modo indicativo** – é o modo que expressa um fato real, uma certeza.
> Exemplo: Deus **ajuda** quem cedo **madruga**.
>
> - **Modo subjuntivo** – é o modo que expressa uma dúvida, uma possibilidade.
> Exemplo: Se conselho **fosse** bom, seria vendido.
>
> - **Modo imperativo** – é o modo que expressa uma ordem, um pedido, um conselho, um convite, uma solicitação, uma instrução. Exemplo: **Pense** duas vezes antes de agir.

Aplicando conhecimentos

1 Releia os trechos do cordel "A cigarra e a formiga" e identifique o modo dos verbos em destaque.

a) "A cigarra só cantava [...]"

_____

b) "A fome já lhe esperava [...]"

_____

c) "E dance um samba bem quente."

_____

2 Descubra o verbo que completa a prece a seguir usando o modo verbal subjuntivo.

> Que eu _____ ser cada vez mais humano, mais solidário e mais justo.
>
> Que eu _____ ser mais pacífico e mais tolerante.
>
> Quando os jovens descobrirem a força das palavras, pensarão em um modo de usá--las melhor.
>
> Quando os homens souberem ser mais humanos, a paz, enfim, reinará na Terra.

a) Copie o último verso da prece substituindo "os homens" por um pronome pessoal do caso reto.

_____

b) Complete o que falta na tabela, conjugando o verbo "descobrir" no presente, pretérito imperfeito e futuro do subjuntivo. Se for necessário, consulte a tabela de conjugações que está no Apêndice deste livro.

PRESENTE	PRETÉRITO IMPERFEITO	FUTURO DO SUBJUNTIVO
Que eu descubra	Se eu descobrisse	Quando eu _____
Que tu descubras	Se tu _____	Quando tu descobrires
Que ele _____	Se ele _____	Quando ele _____
Que nós descubramos	Se nós descobríssemos	Quando nós _____
Que vós descubrais	Se vós descobrísseis	Quando vós _____
Que eles _____	Se eles _____	Quando eles descobrirem

3 Leia os provérbios abaixo. Em seguida, indique o modo dos verbos em destaque.

a) Água mole em pedra dura tanto **bate** até que **fura**.

_____

b) Se a vida lhe **der** um limão, **faça** uma limonada.

_____

c) Nunca **digas**: desta água não **beberei**.

___

4 Os provérbios da lista a seguir apresentam verbos nos modos indicativo, subjuntivo e imperativo. Separe-os nos três grupos, conforme o modo do primeiro verbo de cada frase.

- Quem tem pressa come cru.
- Se os teus projetos forem para um ano, semeia o grão; se forem para dez anos, plante uma árvore; se forem para cem, instrui o povo.
- Se tu parares cada vez que ouvires o latir de um cão, nunca chegarás ao fim do caminho.
- Pense rápido, fale devagar.

MODO IMPERATIVO	
MODO SUBJUNTIVO + MODO IMPERATIVO	
MODO INDICATIVO	
MODO SUBJUNTIVO + MODO INDICATIVO	

5 Leia a receita a seguir.

Salada de frutas — Ingredientes
- 3 laranjas
- 1 maçã
- 3 fatias de mamão
- 2 bananas
- 1 manga média
- Mel ou açúcar
- Groselha ou creme de leite (opcional)

Modo de preparar

Pique as frutas em pedaços pequenos e varie os tipos de fruta de acordo com a sua preferência. Coloque-as em uma tigela funda. Acrescente açúcar ou mel às frutas picadas. Mexa suavemente. Por fim, acrescente suco de laranja, groselha ou creme de leite. Sirva a salada de frutas gelada.

a) A receita é um gênero textual que instrui o leitor a cumprir determinadas orientações para realizar determinada ação. O que resulta das ações indicadas na receita?

b) Copie todos os verbos presentes no modo de preparar.

c) Em que modo estão os verbos?

d) Por que esse modo verbal é indicado para ser empregado em um texto do gênero receita?

Verbo (V) – pretétito perfeito e pretérito imperfeito

1. Neste capítulo, lemos diversas histórias em prosa ou em versos. E, para narrar essas histórias, foi preciso, muitas vezes, empregar várias formas do verbo no passado. Leia um exemplo disso na estrofe abaixo.

> "Durante todo o verão
> A cigarra só cantava
> Nem percebeu que ligeiro
> O inverno já chegava
> E quando abriu os olhos
> A fome já lhe esperava"

a) Destaque os verbos que indicam ações ocorridas no passado.

b) Os verbos destacados na questão anterior, embora estejam todos no passado, dão informações diferentes sobre esse tempo verbal. Separe-os nas colunas abaixo, conforme o indicado:

AÇÕES QUE SE REPETIAM NO PASSADO	AÇÕES QUE OCORRERAM UMA VEZ NO PASSADO

2 Leia agora estas frases.

> Frase I – A formiguinha **subiu** na juba do leão e **começou** a passear tão de levinho que ele sentiu cócegas e se "**derreteu**" todo [...].
>
> Frase II – A formiguinha **subia** na juba do leão e **começava** a passear tão de levinho que ele **sentia** cócegas e se "**derretia**" todo.

a) Os verbos destacados nas frases I e II estão no passado. Em qual delas os verbos em negrito indicam ações que já terminaram?

_____

b) Em qual das frases acima o verbo indica uma ação que acontecia no passado com frequência?

_____

Importante saber

Quando se diz que um verbo está no **passado** é o mesmo que dizer que ele está no **pretérito**. Essas palavras têm o mesmo significado.

Quando desejamos nos referir a algo que já aconteceu e que está perfeitamente acabado, usamos o **pretérito perfeito**. Como o próprio nome indica, a **ação** já foi concluída. Observe que, a frase 1 do exercício anterior, os atos de subir, começar, sentir e derreter já foram encerrados.

Quando desejamos nos referir a uma ação que acontecia no passado com frequência, de forma contínua, ou indicar que um fato estava acontecendo antes que outro o interrompesse, usamos o **pretérito imperfeito**.

3 Veja duas maneiras de conjugar o verbo **subir** no pretérito.

PRETÉRITO PERFEITO	PRETÉRITO IMPERFEITO
Eu subi	Eu subia
Tu subiste	Tu subias
Ele subiu	Ele subia
Nós subimos	Nós subíamos
Vós subistes	Vós subíeis
Eles subiram	Eles subiam

Aplicando conhecimentos

1 Para entender melhor o pretérito perfeito e o pretérito imperfeito, observe os desenhos a seguir e coloque-se no lugar da personagem principal, que tem como objetivo **subir uma ladeira**.

a) Qual das ilustrações indica que a ação de subir foi completada?
___

b) Qual das ilustrações indica que a ação de subir foi interrompida?
___

c) Qual das ilustrações poderia representar o pretérito perfeito?
___

d) Qual das ilustrações poderia representar o pretérito imperfeito?
___

e) Construa uma frase para cada desenho, indicando o que estava acontecendo ou que já tinha acontecido (dê um nome à personagem, se desejar). Perceba que tipo de pretérito você utilizou em cada situação.
___
___
___
___

2 Faça uma lista das ações que você praticou ontem, durante o dia, e identifique o tempo dos verbos utilizados.

_____
_____
_____
_____

- O que indicam os verbos que você empregou? Assinale a resposta nos quadros a seguir.

| ☐ Uma ação que ocorria frequentemente no passado. | ☐ Uma ação ocorrida antes de outra também concluída. | ☐ Uma ideia perfeitamente concluída. |

3 Nas linhas a seguir, escreva o que você gostava de fazer quando era criança. Depois, circule os verbos que estão no passado.

_____
_____

4 Na fábula a seguir, os verbos foram só indicados entre parênteses. Preencha os espaços com verbos que completam a fábula no tempo verbal adequado. Faça a concordância entre o verbo e o nome a que se refere.

A baleia e o tubarão

Certo dia de outono, a baleia brincava no mar. O tubarão aproximou-se e, com cuidado, rodeou a baleia para mordê-la de modo fatal. Sinuoso, _____ (preparar-se) para o bote. Chegando a uma distância razoável do ouvido da baleia, _____ (gritar), com voz fina e doce, bem inadequada para um tubarão:

– Cara amiga, permita-me brincar com você nesse belo dia! Vamos alegrar-nos juntos!

A baleia _____ (olhar) desconfiada, pois tubarão e baleia não têm boa vizinhança, nem as mesmas brincadeiras. Mas, como tinha boa índole, não _____ (responder) e não _____ (reagir). Tão logo o tubarão _____ (conseguir) aproximar-se, _____ (morder) o pescoço da baleia com força. Todavia, uma crosta de conchas e co-

rais que se grudara na pele da baleia _____ os dentes do tubarão. Choroso
(quebrar)
e sangrando, ele fugiu com dores atrozes.

A baleia, calmamente, olhou com desdém o ingênuo tubarão em fuga e _____ que os seres muito furiosos _____ sempre pouco atentos.
(pensar) (ser)

Raquel Gazolla. *Fábulas nuas e cruas*. São Paulo: Parábola, 2005.

5 Releia a fábula e crie uma **moral** para ela. Lembre-se de que ela deve estar de acordo com o ensinamento que o texto quer transmitir. Depois, leia-a para a turma e conheça as que seus colegas escreveram. Eleja com seus colegas aquelas que se mostrarem mais adequadas à fábula.

6 Reescreva as frases a seguir passando os verbos para o pretérito perfeito.

a) João e Antônio gostam de participar da Festa Junina.

_____

b) A atividade é muito trabalhosa, então faço as questões com cuidado.

_____

_____

c) Meus amigos chegam e se acomodam porque se sentem à vontade em minha casa.

_____

_____

d) Os alunos leem fábulas e se apaixonam.

_____

7 Descubra que verbos do quadro servem para completar as frases.

| descobriram – brincou – salvei – postaram |

a) Os alunos _____ um comentário na internet e isso fez com que todos ficassem informados sobre o assunto.

b) Eu _____ o arquivo ontem, mas quando cheguei em casa, ele não abriu.

c) Os meninos _____ o endereço de João e fizeram uma surpresa para ele.

d) Carlos _____ o dia inteiro na casa do Gustavo e no final do dia estava dormindo em pé.

• Responda: em que tempo verbal estão os verbos do quadro?

_____

8 Reescreva as frases a seguir passando os verbos para o pretérito imperfeito.

a) Eu não jogo lixo fora da lixeira por nada desse mundo.
_____

b) O conto africano é publicado na revista do bairro, e agora virou livro.
_____

c) Onde está a consideração dela pela colega de classe?
_____

d) A fábula "A cigarra e a formiga" torna-se cada vez mais popular.
_____

9 Descubra que verbos do quadro servem para completar as frases.

| era – viviam – estávamos – jogavam |

a) Marcelo e Janaína _____ no topo do brinquedo e se jogavam lá de cima na piscina de bolinhas.

b) _____ uma vez uma linda princesa que se chamava Branca de Neve.

c) Nós ainda não _____ preparados para aquela competição.

d) O lugar onde eles _____ na infância era bem melhor.

- Responda: em que tempo verbal estão os verbos do quadro?
_____

DE OLHO NA ESCRITA

Acentuação das paroxítonas

1 Observe a acentuação dos termos: **impossível**, **história**, **língua**.

a) Separe as sílabas dessas palavras e descubra se o acento recai na última, na penúltima ou antepenúltima sílaba.
_____

b) O que as palavras têm em comum quanto à posição da sílaba mais forte?
_____

Lembre-se...

Você já estudou, anteriormente, a classificação das palavras quanto à sílaba tônica. Vamos rever?

- ninguém: nin-**guém**

A sílaba tônica (mais forte) da palavra é a **última**. **Ninguém** é uma palavra **oxítona**.

- caráter: ca-**rá**-ter.

A sílaba tônica da palavra é a **penúltima**. **Caráter** é uma palavra **paroxítona**.

- árvores: **ár**-vo-res

A sílaba tônica da palavra é a **antepenúltima**. **Árvores** é uma palavra **proparoxítona**.

Saiba mais sobre esse assunto consultando o Apêndice deste livro.

2 Separe as sílabas das palavras **água** e **séria**.

_____

a) Essas palavras são oxítonas, paroxítonas ou proparoxítonas?

_____

b) As palavras água e séria terminam em ditongo e são acentuadas. Observe outras paroxítonas terminadas em ditongo.

enxágue – mágoa – trégua – tênue – névoa – notícia – falência – comércio

Descubra o que essas palavras têm em comum e complete a regra de acentuação a seguir.

- Acentuam-se as palavras _____ terminadas em _____.

Importante saber

Conheça outras regras de acentuação das paroxítonas.

- Acentuam-se as paroxítonas terminadas em: **r**, **x**, **n**, **l**, **x**, **i(s)**.
  Exemplos: caráter, tórax, hífen, amável, júri.
- Acentuam-se as paroxítonas terminadas em: **us**, **um(uns)**, **ã(s)**, **ão(s)**, **ps**.
  Exemplos: vírus, fórum, ímã(s), órgão(s), fórceps.

3 Agora é a sua vez. Entre as palavras acentuadas no quadro abaixo, circule apenas as paroxítonas.

ágil – café – sítio – indústria – Pará – cérebro
médium – mártir – máximo – sótão

- Justifique o acento das palavras circuladas recorrendo às regras estudadas.

4 Acentue as palavras em destaque no texto a seguir.

A descoberta

Estavam os dois caçadores bem no centro da **Africa** quando, por trás de uma colina, de dentro de uma gruta, da escuridão de uma mata, do seio de uma grota, surgiu um tigre-dentes-de-sabre. Disse um dos caçadores: Um animal **pré-historico**! O mais **terrivel** e o mais precioso dos animais **pré-historicos**! Que vamos fazer? Vamos fazer o seguinte – sugeriu o outro caçador, preparando-se para correr –: você fica aqui e aguenta o bicho, que eu vou espalhar a **noticia** pela **Africa** inteira.

Millôr Fernandes. *Fábulas fabulosas*. 14. ed. Rio de Janeiro: Nórdica, 1997.

a) Quem são as personagens da história?

b) Escreva a moral que você daria à fábula.

c) A moral dessa história está relacionada com o humor do texto? Explique o que provoca esse humor.

d) Justifique a acentuação das palavras destacadas no texto "A descoberta".

PRODUÇÃO DE TEXTO

Vamos fazer um **livro de fábulas** com os textos produzidos por sua turma? Crie o seu texto no gênero fábula, explorando todos os recursos estudados neste capítulo. O livro poderá ser reproduzido de modo que a turma tenha dois exemplares da obra: um deles poderá ser doado à biblioteca e o outro a uma escola de educação infantil. Por essa razão, considere que o texto deve ser escrito para o público infantil e o livro precisa ser rico em ilustrações.

PLANEJE SEU TEXTO

Responda a cada um dos itens do quadro como modo de planejamento. Amplie o número de itens, se precisar. Verifique se cumpriu o planejado na hora de avaliar o texto.

PARA ESCREVER A FÁBULA	
1. Qual é o público leitor do texto?	
2. Que linguagem vou empregar?	
3. Qual é a estrutura que o texto vai ter?	
4. Onde o texto vai circular?	

ORIENTAÇÕES PARA A PRODUÇÃO

1. Pense numa situação da atualidade que você considere ruim para a coletividade, para a convivência ou o bem-estar das pessoas. Lembre-se de que deve ser uma situação cujo ensinamento esteja adequado à compreensão do público infantil.

2. Escreva uma história que possa fazer esse leitor mirim refletir criticamente sobre essa situação. Imagine que vocês estão escrevendo a história para crianças bem mais jovens do que vocês.

3. Selecione os animais que estarão envolvidos na fábula e que você considera adequados para representar essas situações na história.

4. Lembre-se de que as fábulas costumam ser histórias breves. Portanto, você não precisará descrever com detalhes lugares, personagens ou situações, a não ser que isso seja importante para o sentido da fábula.

5. Se criar diálogos, não se esqueça de usar sinais de pontuação como aspas ou travessão.

6. A fábula tem o objetivo de transmitir uma mensagem, dar um conselho ou ensinamento por meio da história produzida. A moral deve estar de acordo com o que se quer transmitir.

7. Para planejar o livro, considere quantas páginas serão necessárias para transcrever a história e o número de ilustrações que pretende fazer. As ilustrações precisam estar relacionadas ao trecho da história que está na página ou na dupla de páginas.

8. Crie um título para a fábula (que pode ser o título que vai na capa do livro).

9. Faça um esboço da capa do livro: ela precisa conter uma imagem chamativa, o título da obra e o nome do autor. Mostre seu projeto de capa para o professor e verifique se ele tem observações que contribuam para melhorá-la.

10. Por fim, combinem com o professor uma data para que todos os alunos, de posse de todas as páginas avaliadas e revisadas, montem o livro.

AVALIAÇÃO E REESCRITA

1. Você escreveu a história considerando todos os itens do quadro?
2. O tema e a linguagem do texto estão adequados ao público infantil?
3. A história contém um ensinamento?
4. As personagens da história dialogam? Em caso afirmativo, verifique se você usou travessão ou aspas nas falas delas.
5. Ao planejar o livro, você reservou parte das páginas para colocar ilustração?
6. Antes de passar o texto a limpo, sente-se com um colega. Leia o texto dele; ele também lerá o seu. Com o auxílio de um dicionário, façam a revisão ortográfica no texto do colega. Depois troquem de novo os textos e terminem a revisão.
7. Consultem o professor se tiverem dúvidas a respeito do uso dos sinais de pontuação.
8. Por fim, peça orientação do professor sobre como passar o texto a limpo, distribuindo-os nas páginas do livro.

LEIA MAIS

Ler fábulas é uma diversão e também um modo de refletir sobre os valores e comportamentos das pessoas. Que tal ampliar mais esse universo de leitura?

Há fábulas em livros, revistas, *sites*, *e-books*. Mas não é só isso: há autores que brincam com os temas das fábulas e partem dessas histórias para criar incríveis poemas.

Você também poderá encontrar diferentes versões de fábulas, e conhecê-las permitirá a você perceber diferentes pontos de vista. Visite livrarias ou bibliotecas e descubra livros novos e antigos. Compare suas edições, encontre as mesmas histórias escritas de modos diferentes. Quem sabe você se anima a criar a sua própria versão de uma dessas histórias?

PREPARANDO-SE PARA O PRÓXIMO CAPÍTULO

Pesquise em livros, jornais e revistas um poema ou uma letra de música cujo tema seja a natureza e/ou a forma como o homem a trata. Prepare-se para ler os textos ou as letras das canções no início do próximo capítulo.

Capítulo 2

NATUREZA EM QUADRINHOS

PRÁTICA DE LEITURA

Texto 1 – História em quadrinhos

Antes de ler

1. Em sua opinião, o progresso e a tecnologia destroem o meio ambiente ou são aliados da vida no planeta?

2. Sem ler o texto verbal, descreva as personagens que aparecem no texto.

3. Que elementos do texto nos permitem constatar que as personagens estão dialogando?

Bill Watterson. *Tem alguma coisa babando embaixo da cama.* São Paulo: Conrad Editora do Brasil, 2010.

Por dentro do texto

1. Em que lugar você imagina que se encontram Calvin e Haroldo? Que elementos da imagem justificam sua resposta?

_____
_____

2 Releia o segundo quadrinho. O que provavelmente aconteceu com os animais? Por que o lugar virou um poço de lama?

_____
_____
_____

3 Que sentimentos Calvin expressa no quarto quadrinho?

_____

• Por que algumas palavras estão destacadas em negrito?

_____
_____

4 Os sentimentos de Calvin, no quarto quadrinho, são representados pela linguagem visual e verbal. Indique o que cada linguagem informa.

_____
_____
_____

5 Qual é a ideia principal da história?

_____
_____
_____

REFLEXÃO SOBRE O USO DA LÍNGUA

Interjeição

1 Leia a tira a seguir.

Q1: O QUE OS ANIMAIS VÃO FAZER AGORA QUE DERRUBARAM A FLORESTA PARA CONSTRUIR CASAS??

Q2: CÉUS, O QUE AS *PESSOAS* IRIAM ACHAR SE OS ANIMAIS PASSASSEM UM TRATOR NOS BAIRROS E PLANTASSEM NOVAS *ÁRVORES*?!?

Q4: NADA FEITO. ELES NÃO DEIXARAM AS CHAVES.

Bill Watterson. *Tem alguma coisa babando embaixo da cama*. São Paulo: Conrad Editora do Brasil, 2010.

a) Que sentimentos Calvin expressa ao dizer "céus"?

b) Que motivo levou Calvin a utilizar a expressão "céus"?

c) Por quais outras expressões seria possível substituir "céus"?

d) Se não houvesse a expressão "céus", o quadrinho comunicaria o mesmo sentimento da personagem? Por quê?

e) Essa é uma expressão que você também usa no seu dia a dia para expressar seus sentimentos? Que outras expressões como essa você costuma utilizar?

> **Importante saber**
> A expressão **céus** é chamada **interjeição**.
> Ela pertence ao grupo de palavras que têm como função expressar sentimentos, emoções, sensações, estados de espírito.

Aplicando conhecimentos

Para responder às questões a seguir, consulte, se necessário, o Apêndice no final deste livro ou uma gramática.

1 Indique que interjeição você usaria para expressar os seguintes sentimentos.

a) Felicidade por ter conseguido ir muito bem nas avaliações escolares.

b) Medo ao perceber que está havendo uma inundação no lugar onde se encontra.

c) Raiva por ter sido enganado por alguém.

d) Carinho por uma criança.

2 Você vai ler o texto a seguir em voz alta, conforme orientação do professor. Dê a cada interjeição uma entonação adequada. Para isso, imagine quem diz e a situação em que cada uma está sendo dita.

> Que frio! Que vento! Que calor! Que caro! Que absurdo! Que bacana! Que tristeza! Que tarde! Que amor! Que besteira! Que esperança! Que modos! Que noite! Que graça! Que horror! Que doçura! Que novidade! Que susto! Que pão! Que vexame! Que mentira! Que confusão! Que vida! Que coisa! Que talento! Que alívio! Que nada...
>
> É. Pois é. Ah, é. Não é? Tá. OK. Ciao. Tchau. Chau. Au. Baibai. Oi. Opa! Epa! Oba! Ui! Ai! Ahn...
>
> [...]
>
> Que fazer senão ir na onda? Lá isso... Quer dizer. Pois não. É mesmo. Nem por isso. Depende. É possível. Antes isso. É claro. É lógico. É óbvio. É de lascar. Essa não! E daí? Sai dessa.
>
> [...]
>
> Carlos Drummond de Andrade. *O poder ultrajovem*.
> Rio de Janeiro: Record, 1996.

3 Imagine o sentido presente nos quatro quadros da história de Calvin e Haroldo, caso fossem escritos com interjeições. Como ficariam? Refaça os quadrinhos.

Bill Watterson. *Tem alguma coisa babando embaixo da cama*. São Paulo: Conrad Editora do Brasil, 2010.

4 Observe a escrita das interjeições e responda: quais são os sinais de pontuação mais comuns empregados diante de uma interjeição? Por quê?

_____
_____

5 Que tal brincar de mímica para rever o que estudos sobre interjeição?
Sob orientação do professor, um aluno irá fazer uma mímica expressando um sentimento: dor, alegria, tristeza, horror etc.
A turma ou um aluno escolhido, conforme orientação do professor, vai criar uma frase, utilizando uma interjeição que consiga traduzir a mímica.

PRÁTICA DE LEITURA

Texto 2 – História em quadrinhos

Bill Watterson. *Yukon Ho!*. São Paulo: Conrad Editora do Brasil, 2010.

Por dentro do texto

1 Assinale entre as alternativas abaixo as que correspondem ao sentimento que Calvin expressa com sua fala do quarto quadrinho.

☐ Tristeza ☐ Descrença

☐ Revolta ☐ Conformismo

☐ Indignação

2 Que motivos Calvin aponta para se sentir assim?

_____
_____
_____

3 O que você acha que Haroldo quis dizer com a frase: "Sabe, às vezes me orgulho de não ser humano."?

_____

_____

4 Por que Calvin se despe no último quadrinho?

_____

_____

Texto e construção

1 Recorte, de jornais e revistas, uma notícia ou reportagem que demonstre que as ideias de Calvin sobre o homem e suas atitudes acontecem na realidade.

2 Recorte, de jornais e revistas, uma notícia ou reportagem que apresente exemplos de preocupação do ser humano com a natureza.

3 Cole as reportagens no caderno e escreva um parágrafo respondendo à seguinte questão: Você acha que pode haver progresso sem destruição da natureza? Por quê? Dê exemplos.

REFLEXÃO SOBRE O USO DA LÍNGUA

Verbo (VI) – futuro do presente e futuro do pretérito

1 Observe, agora, os verbos no segundo quadrinho do texto 2.

> APOSTO QUE AS GERAÇÕES FUTURAS DESCOBRIRÃO MAIS COISAS SOBRE NÓS... MUITO MAIS DO QUE GOSTARÍAMOS QUE SOUBESSEM!

© 2006 Watterson/Dist. by Atlantic Syndication

a) O verbo **descobrirão** dá a ideia de presente, passado ou futuro? E o verbo **gostaríamos**?

_____

_____

b) De acordo com o quadrinho: quem descobrirá algo? O que será descoberto?

_____

_____

_____

_____

2 Leia estas frases.

a) As civilizações descobrir**ão** mais coisas sobre nós.

b) As civilizações descobrir**am** mais coisas sobre nós.

Compare o sentido das duas frases e diga se apresentam o mesmo sentido. Por quê?

_____

_____

Importante saber

Como você deve ter concluído, os verbos **descobrirão** e **gostaríamos**, presentes no quadrinho reproduzido na questão 1, transmitem a ideia de **futuro**. Mas há uma diferença entre eles. Essa diferença também ocorre entre os verbos **gostar** e **sobrar** nos quadrinhos ao lado. Observe.

3 Complete as frases a seguir com o verbo do quadrinho adequado à explicação.

a) O verbo _____ transmite a ideia de que, no futuro, aquela ação vai certamente acontecer.

b) E o verbo _____ expressa um fato que, para se realizar, depende de uma condição, de uma outra situação.

Importante saber

Nos quadrinhos que você leu, há dois tipos de **futuro**: o futuro **do presente** e o futuro **do pretérito**. Veja os verbos do texto conjugados nesses tempos.

Futuro do presente	Futuro do pretérito
Eu descobrirei	Eu gostaria
Tu descobrirás	Tu gostarias
Ele descobrirá	Ele gostaria
Nós descobriremos	Nós gostaríamos
Vós descobrireis	Vós gostaríeis
Eles descobrirão	Eles gostariam

Saiba mais sobre esse assunto consultando o Apêndice deste livro.

Onomatopeia

Leia outra história em quadrinhos e o glossário que está logo após a história.

Lucas Novelli. São Paulo: Brasiliense, 1997.

— O QUE VOCÊS DIRIAM SE OS ANTIGOS EGÍPCIOS, EM VEZ DAS **PIRÂMIDES**, NOS TIVESSEM DEIXADO **RESÍDUOS RADIOATIVOS**?

— BRINCADEIRAS DE FARAÓ!

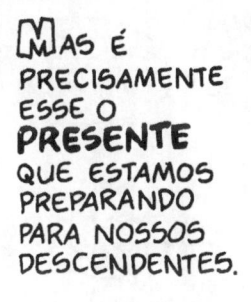

M**AS É PRECISAMENTE ESSE O PRESENTE QUE ESTAMOS PREPARANDO PARA NOSSOS DESCENDENTES.**

— AS **CENTRAIS NUCLEARES**, DE FATO, PRODUZEM **RESÍDUOS RADIOATIVOS** TÃO **PERIGOSOS** QUE PRECISAM SER FECHADOS EM TAMBORES ESPECIAIS DE CHUMBO...

— ...E DEPOIS SEPULTADOS EM PROFUNDAS MINAS OU JOGADOS NAS FOSSAS MARINHAS.

SPLASH

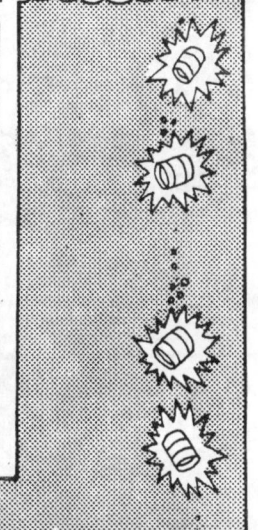

— DENTRO DE **20.000** OU **30.000** ANOS OS ARQUEÓLOGOS OS ENCONTRARÃO QUASE **INTACTOS**.

— CARAMBA.

— SEM CONTAR QUE BASTARIA UM **TERREMOTO** OU UM OUTRO ACIDENTE PARA ABRIR OS TAMBORES E LIBERAR SEU CONTEÚDO.

TONF

Luca Novelli. *Ecologia em quadrinhos.* São Paulo: Brasiliense, 1997.

Glossário curioso

Tudo o que existe na Natureza é formado por elementos ou partículas conhecidos por átomos. Esses átomos são constituídos por um núcleo e por elétrons, partículas que se movimentam ao redor do núcleo.

Radioatividade: é a propriedade de alguns átomos presentes na natureza de emitirem uma forma de energia conhecida por radiação.

Bomba atômica: é uma arma explosiva formada por elementos radioativos. Quando explode, libera uma quantidade enorme de energia radioativa e térmica que destrói tudo o que estiver ao redor.

Resíduos radioativos: é o mesmo que lixo radioativo. É tudo o que sobra depois que os elementos radioativos são processados em indústrias, usinas nucleares etc., e que não pode ser utilizado.

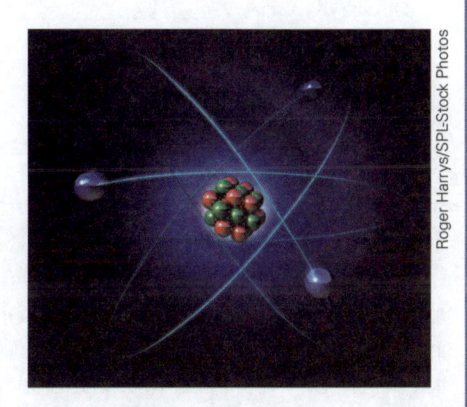

Central nuclear: é um local onde a energia radioativa, energia liberada pelo núcleo dos átomos, é transformada em energia elétrica.

Cadeia alimentar: é a transferência de energia entre os seres vivos sob a forma de alimento. A cadeia alimentar é composta por produtores – as plantas –, seres que produzem o seu próprio alimento; por consumidores, animais que se alimentam de plantas ou de outros animais; e por decompositores, seres que decompõem os alimentos.

1. Agora responda às questões, de acordo com as informações dos verbetes e da história em quadrinhos.

    a) O que pode acontecer com o lixo nuclear armazenado em tambores de chumbo e colocados nas minas e nas fossas marinhas?
    _____
    _____
    _____

    b) Os resíduos volumosos que não podem ser colocados em tambores especiais prejudicam a natureza? Como?
    _____
    _____
    _____

2. Qual é a intenção principal do texto?
    _____
    _____

3 Na história em quadrinhos, há palavras que representam sons. A que se referem esses sons na história?

a) KABOOUUUM! _____

b) SPAK, CRAC! _____

c) CHUF _____

d) ZIIIP _____

e) CHUÁ _____

f) SPLASH _____

g) TONF _____

Importante saber

As palavras ou formas verbais que imitam sons e ruídos são chamadas **onomatopeias**. Os sons podem se referir a ações humanas, vozes de animais, efeitos da natureza ou movimentação de objetos. As onomatopeias são frequentes em histórias em quadrinhos, auxiliando a comunicação e contribuindo para a construção de sentido. Veja alguns exemplos.

BANG: tiro de revólver

BOOM: estouro de bomba

TIC-TAC: som de relógio

CHUÁ: água caindo

ZZZZZ: pessoa dormindo

COF-COF: tosse

Aplicando conhecimentos

1 Escreva um pequeno parágrafo, respondendo à seguinte questão: o que farei daqui a dez anos? Como e onde estarei?

_____
_____
_____
_____

2 Escreva outro parágrafo, respondendo à questão: o que eu faria para preservar a natureza se eu fosse dono(a) de uma fábrica de papel?

_____
_____
_____
_____
_____
_____

3 Agora, releia seus parágrafos e responda.

a) Em qual dos exercícios anteriores você utilizou verbos indicando ações que expressam uma certeza do que vai acontecer (futuro do presente)? Por quê?
_____
_____
_____

b) Em qual deles usou verbos indicando ações que, para se realizarem, dependem de uma condição (futuro do pretérito)? Por quê?
_____
_____
_____

4 Complete as frases com o verbo indicado entre parênteses, de acordo com o tempo solicitado. Preste atenção à grafia das palavras.

a) Os homens _____ novas árvores no parque. (futuro do presente)
(plantar)

b) Meus amigos _____ espantados com a aparência do parque. (pretérito perfeito)
(ficar)

c) Todos _____ participar da campanha a favor da natureza. (futuro do presente)
(precisar)

d) As árvores _____ se não cuidarmos delas. (futuro do presente)
(morrer)

e) Os funcionários do parque _____ todos aqueles que pisaram na grama. (pretérito perfeito)
(repreender)

5 Copie as frases abaixo substituindo o símbolo ☆ adequadamente, de acordo com o que você acabou de aprender:

a) O verbo no pretérito perfeito, na 3ª pessoa do plural (eles/elas), termina sempre em ☆. (-ão/-am)
_____
_____
_____

b) O verbo no futuro do presente, na 3ª pessoa do plural (eles/elas), termina sempre em ☆. (-ão/-am)
_____
_____
_____

6 Pesquise uma tira em quadrinhos que apresente ao menos uma onomatopeia. Cole-a abaixo e explique qual é o som que a onomatopeia buscou representar na história e o sentido que ela produziu no texto.

DE OLHO NA ESCRITA

Acentuação das oxítonas

1 Leia as palavras a seguir e observe a posição da sílaba mais forte em cada uma delas.

maracatu   baú   saci   açaí

- Essas palavras são oxítonas, paroxítonas ou proparoxítonas?

_____

2 Leia as palavras a seguir e observe a posição da sílaba mais forte em cada uma delas.

cará   cafuné   vovó

- Essas palavras são oxítonas, paroxítonas ou proparoxítonas?

_____

3 Leia com atenção as palavras do próximo quadro. Elas são todas oxítonas. Observe como as palavras terminam nos grupos 1 e 2, em seguida complete a regra que explica a acentuação delas. Depois de concluir o exercício, confira com seu professor as respostas.

GRUPO 1	GRUPO 2
maracujá jacaré você paletó ioiô	maracujás jacarés vocês paletós ioiôs

- São acentuadas as palavras oxítonas terminadas em _____, seguidas ou não de _____.

4) Leia as palavras dos quadros e observe a posição da sílaba mais forte em cada uma delas. Observe que algumas delas são acentuadas e outras não.

Sururu	Parati	Jaú	urubu	tatu
aí	dormi	saí	sagui	angu
Tambaú	cupuaçu	pacu	Itu	Tatuí

a) Essas palavras são oxítonas, paroxítonas ou proparoxítonas?

_____

b) Observe que, quando a segunda vogal do hiato for i ou u tônicos, a palavra levará acento. Preencha então, a regra de acentuação a seguir.

Importante saber

As vogais _____ e _____ receberão acento se estiverem sozinhas na sílaba ou seguidas de s. Exemplos: traída, ciúme, faísca.

Assim, esses hiatos devem ser acentuados, excetos nos casos a seguir.

- Quando essas vogais são seguidas de nh.
- Quando essas vogais vierem depois de ditongo.

Além dos casos anteriores, acentuamos, portanto:

- as oxítonas terminadas em **a, e, o**, seguidas ou não de **"s"**.
Exemplos: Ceará, maré, Itororó.

- as oxítonas terminadas em **em/ens**.
Exemplos: alguém, parabéns.

5) Acentue, quando necessário, as palavras das frases a seguir.

a) Os brasileiros gostam muito de tomar cafe.

b) Antigamente, as camas eram feitas de bambu.

211

c) Michele veio aqui para irmos juntas ao metro Anhangabau.

d) Meus avos nasceram em Santa Catarina.

e) A empresa veio para fazer a limpeza dos sofas.

f) O meu sonho é desfilar na Marques de Sapucai.

g) Jilo rima com xodo, mas tatu não rima com saci.

h) Sai de São Tome e fui parar em Jundiai.

i) Ela esperou os parabens no dia do aniversário, porem ninguem se lembrou da data.

• Explique por que cada palavra foi acentuada.

_____
_____
_____

6 Pesquise outras palavras oxítonas acentuadas. Encaixe-as em um dos grupos a seguir, de acordo com suas características.

OXÍTONAS TERMINADAS EM A, AS, E, ES, O, OS	OXÍTONAS TERMINADAS EM I/U FORMANDO HIATOS	OXÍTONAS TERMINADAS EM -EM, -ENS

PRÁTICA DE LEITURA

Texto 3 – História em quadrinhos

Tira 1

Por dentro do texto

1. Na tira 1, a expressão facial da personagem Papa-Capim vai mudando de um quadrinho para o outro. Por que isso aconteceu?

   _____

   _____

2. O final de cada tira apresenta uma imagem que chama a atenção do leitor para um problema ambiental. Qual é ele?

   _____

3. Na tira 1, por que a personagem usou a palavra progresso para se referir a esse problema?

   _____

Texto e construção

1. Como podemos perceber que há personagens correndo no primeiro quadrinho das tiras 1 e 2?

2. Em sua opinião, as imagens na HQ ajudam a comunicar algo, a construir o sentido da história? Por quê?

3. Qual é a semelhança entre as tiras quanto ao tema?

4. Nos balões de fala de Chico Bento e seu amigo, a palavra **de** foi grafada com **i** no final.

   a) Por que você acha que a palavra **de** aparece escrita assim?

   b) Em sua região, há pessoas que costumam pronunciar com som de i o e que vem no final das palavras? Dê exemplos.

> **Importante saber**
> Ha situações em que as histórias em quadrinhos buscam representar a maneira como as pessoas falam.

5 Pesquise outra história em quadrinhos e encontre mais exemplos de **representação da fala** nos diálogos entre as personagens. Cole-a no caderno.

6 Releia o segundo quadrinho da tira 2.

• Quando o amigo de Chico Bento se refere à árvore que o amigo está plantando, ela está mais perto dele (a pessoa que fala) ou mais perto de Chico (a pessoa com quem ele fala)?

_____

_____

Pronome demonstrativo

7 Releia agora a tira 1.

Se Chico Bento fosse responder ao amigo, que palavra seria usada para se referir à árvore de esperança?

[ ] esta   [ ] aquela

> **Importante saber**
> Nas tiras 1 e 2, as palavras "aquilo" e "essa" indicam a posição dos objetos indicados de acordo com a posição em que as personagens se encontram com relação a esses objetos.
> Para marcar a posição espacial de um elemento com relação às três pessoas do discurso, usamos os **pronomes demonstrativos**.
>
> ■ este, esta e isto – quando o objeto referido está perto da pessoa que fala (1ª pessoa do discurso)
> Veja um exemplo:

214

- **esse, essa e isso** – quando o objeto referido está perto da pessoa que ouve (2ª pessoa do discurso)

Observe:

> OBA, OBA! PRANTANDO UMA ÁRVRE NOVA, CHICO?!
>
> ESSA AÍ É DI QUÊ? DI GOIABA? DI JACA? DI MANGA?

- **aquele, aquela, aquilo** – quando o objeto referido está distante de ambos (3ª pessoa do discurso)

Veja um exemplo:

> E AQUILO, PAPA-CAPIM?
>
> COMO OS CARAÍBAS CHAMAM AQUILO?

Além de marcar a posição espacial, o pronome demonstrativo também pode marcar o tempo de um acontecimento:

Preciso conversar com você **esta** noite.
(Para fazer referência ao tempo presente)

Naquele dia, eu precisava ter conversado com você, mas não consegui.
(Para fazer referência ao tempo passado)

Aplicando conhecimentos

1. Leia a charge a seguir para responder às questões.

> IPAD?
>
> AÍ FOME!

Erasmo. *Jornal de Piracicaba*, 23 mar. 2011. Disponível em:
<http://jornaldepiracicaba.com.br/capa/default.asp?p=charges>. Acesso em: fev. 2012.

215

a) A diferença entre as personagens ilustradas na charge nos permite saber o problema social criticado. Que problema é esse?

_____

_____

b) Como o chargista trabalhou o humor nessa charge?

_____

_____

2 Depois de analisar o texto 3 (tira 1) e a charge, identifique quais são as semelhanças e diferenças entre esses textos.
Para isso, complete o quadro a seguir com as semelhanças e diferenças encontradas entre eles.

QUADRO COMPARATIVO ENTRE A HISTÓRIA EM QUADRINHOS (TEXTO 3) E A CHARGE	
O que será comparado	Semelhanças e diferenças
Os textos têm imagens e palavras?	
Os textos são construídos com mais de um quadrinho?	
O conteúdo das histórias se relaciona ao meio ambiente?	
As narrativas usam o recurso do humor?	
A construção das imagens é feita em preto e branco ou em cores?	

3 Complete as frases com o pronome demonstrativo adequado.

a) _____ meu coração fica triste sempre que ouço _____ música que tocou ontem à noite na cerimônia de casamento.

b) Preciso entregar _____ documentos que estão aqui comigo urgentemente para você.

c) Por favor, traga-me _____ copo que está aí ao seu lado.

d) Hoje estou muito contente, pois _____ é o primeiro dia de férias.

4 Leia a tira abaixo e identifique o pronome demonstrativo.

Bill Watterson. *Os dez anos de Calvin*. São Paulo: Best News, 1996.

a) Por que Calvin, no primeiro quadrinho, emprega o pronome demonstrativo **este** e não **esse**?

b) Imagine uma fala para o Tigre Haroldo a respeito do cabelo de Calvin. Empregue o demonstrativo adequado.

> **Para você que é curioso**
>
> ## Alguns recursos da linguagem dos quadrinhos
>
> A maioria das histórias em quadrinhos apresenta balões. O balão é um recurso gráfico que pode englobar tanto a fala quanto o pensamento das personagens. Nos balões, além de diálogos e pensamentos, também podem aparecer imagens que sugerem conceitos, ideias, sensações e emoções variadas.
>
> ### Tipos de balão
>
> **Balão de fala** **Balão-transmissão** **Balão-pensamento**
>
> **Balão-musical** **Balão-cochicho**

217

Balões com imagens e sinais linguísticos

Balão que indica grito ou tom de voz mais alto

PRODUÇÃO DE TEXTO

PRIMEIRA SUGESTÃO

Já vimos que as histórias em quadrinhos podem também tratar de temas importantes. Que tal criarmos uma HQ cujo tema central seja um problema ambiental?

O professor organizará a turma em duplas. Cada dupla cria uma HQ em que a narrativa proponha uma solução para o problema abordado. Depois que os rascunhos estiverem prontos, combinem com o professor os detalhes (tipo de papel, tamanho, cor, margem da folha etc.) para que todas as histórias criadas possam participar de uma exposição que ajude a conscientizar as pessoas desse problema.

SEGUNDA SUGESTÃO

Você já deve ter ouvido o ditado que diz que "rir é o melhor remédio". Que tal espalharmos o riso pela escola, criando uma exposição de histórias em quadrinhos que contem anedotas? Primeiro, pesquise em revistas, na internet e até mesmo com amigos e parentes. Copie a anedota escolhida em seu caderno e, a seguir, produza sua HQ.

PLANEJE SEU TEXTO

Responda a cada um dos itens do quadro como modo de planejamento. Amplie o número de itens, se precisar. Verifique se cumpriu o planejado na hora de avaliar o texto.

PARA ESCREVER A HISTÓRIA EM QUADRINHOS	
1. Qual é o público leitor do texto?	
2. Que linguagem vou empregar?	
3. Qual é a estrutura que o texto vai ter?	
4. Onde o texto vai circular?	

ORIENTAÇÕES PARA A PRODUÇÃO

1. Não deixe de identificar e caracterizar as personagens. Você poderá dar a elas nomes que tenham relação com o tema.
2. Decida se haverá ou não uma personagem protagonista (personagem principal).
3. Utilize os recursos visuais e expressivos comuns a esse gênero de texto – onomatopeias, interjeições, caracterização do ambiente, diálogos e balões diversos – conforme a intenção e situação de comunicação.
4. Construa a história em cenas ou quadros, definindo seu formato e sua disposição.
5. Planeje como serão as tiras, decidindo quantos quadros terão, como estarão organizados, qual será o comprimento das tiras.
6. Escolha se irá produzir a tira em branco e preto ou em cores.
7. Planeje o que haverá em cada quadrinho.
8. Coloque o título de acordo com o conteúdo da história.

AVALIAÇÃO E REESCRITA

1. Para avaliar o texto:
a) Retome os itens do quadro de planejamento e da lista de orientações;
b) Revise o texto quanto à ortografia, pontuação;
c) Verifique se as marcas de oralidade cumprem a sua função na fala das personagens;
d) Faça uma lista de itens que precisam ser observados com relação à arte final:
- distribuição da história nos quadrinhos (verificar se a montagem dos quadrinhos com seus balões permite a construção de sentido ou se há trechos que não foram contemplados na sequência);
- Uso de cores, ocupação do espaço em cada quadrinho, harmonia visual da página;
- Legibilidade dos textos dos balões.

LEIA MAIS

Gibitecas, bancas de jornal, sebos, internet...O mundo HQ está mais vivo do que nunca. Tiras, charges, cartuns, mangás... Será que as personagens do mundo dos quadrinhos podem ser encontradas em outros suportes de leitura? Descubra que personagens dessas histórias estão: em embalagens de produtos, propagandas, pinturas, desenhos animados, brinquedos, games, livros didáticos, ambiente de festas etc.

Reúna esses materiais e combinem com o professor para levar suas descobertas para a sala de aula. Antes desse dia, apresente ao professor uma lista do que vai levar. Se a atividade empolgar a turma, preparem uma exposição com esses materiais.

Apêndice

I. SUBSTANTIVO

Classificação

Substantivo próprio

O **Menino Maluquinho** tem seu próprio estilo.

São Paulo localiza-se na Região **Sudeste**.

A revista **Veja** é uma das revistas mais lidas no **Brasil**.

Português é uma disciplina muito importante.

A **Bienal Internacional do Livro** reúne importantes escritores.

Substantivo comum

A **mãe** do menino Maluquinho comprou **flores**.

Precisamos comer **peixe**.

Você me emprestaria seu **lápis**?

A **novela**, ontem, foi interessante.

O **perfume** era muito caro.

Substantivo simples

Quebrei meu **pé**.

Minha **flor** favorita é a **margarida**.

O **mapa** está no **armário**.

A **feira** estava cara hoje.

Não sinto mais **dor** no braço.

Substantivo composto

Plantei um **amor-perfeito**.

O **beija-flor** é um lindo pássaro.

Não encontrei meu **mapa-múndi**.

Quarta-feira tem jogo do Brasil.

Você está **mal-humorado**?

Substantivo primitivo

Os **garotos** estão agitados.

A **porta** fechou sozinha.

O **pão** está quentinho.

Não fiz a **barba** hoje.

O **amor** modifica as **pessoas**.

Substantivo derivado

A **garotada** está agitada.

O **porteiro** não estava na **portaria** do prédio.

O **padeiro** não abriu a **padaria** hoje.

O **barbeiro** conversava com seu amigo na **barbearia**.

Meu **amorzinho** viajou.

Substantivo concreto

Aquele **fantasma** o atormentou por muitos anos.

Deus é o criador do universo, segundo a **Bíblia**.

O **livro** foi escrito por Ruth Rocha.

Adorei a **história** que a **professora** leu.

Há **pessoas** que morrem de medo de **assombração**.

Substantivo abstrato

Amor de mãe é infinito.
Adoro ouvir o **canto** dos pássaros.
A **pobreza** da alma causa **pena**.
Você me causou muito **sofrimento**.
Inteligência é algo fundamental.

Substantivo coletivo

O **álbum** do casamento ficou pronto.
Usaremos a **baixela** de prata.
O **júri** decidirá hoje a sentença do réu.
Houve um incêndio na **floresta**.
Recebemos um lindo **buquê**.

Principais coletivos

álbum de fotografias
alcateia de lobos
arquipélago de ilhas
assembleia de deputados, senadores, professores
batalhão de soldados
biblioteca de livros
boiada de bois
bosque, **mata**, **floresta** de árvores
cacho de bananas, cabelos
cáfila de camelos
canteiro de verduras, flores
caravana de viajantes
catálogo de livros, revistas
cavalaria de cavalos
clero de padres
código de leis
constelação de estrelas
cordilheira, **serra** de montanhas
coro de vozes
década: período de dez anos
discoteca de discos
elenco de atores, artistas
enxame de abelhas
esquadrilha de aviões
fauna de animais de uma região
flora de plantas de uma região
gado de bois, vacas
júri de jurados
manada de elefantes, bois, porcos
matilha de cães
milênio: período de mil anos
molho de chaves
multidão de pessoas
ninhada de ovos, pintos, filhotes
orquestra de músicos
pelotão, **batalhão**, **tropa** de soldados
penca de frutas, flores
ramalhete de flores
rebanho de ovelhas, carneiros, bois
réstia de alhos, de cebolas
século: período de cem anos
time de jogadores
tribo de índios
turma de alunos, trabalhadores
vara de porcos
vocabulário de palavras

Flexão dos substantivos

Os substantivos se flexionam em gênero, número e grau.

I. Gênero

São dois os gêneros: o masculino e o feminino.

Masculino – quando usamos antes do substantivo os artigos: o/os, um/uns.

O lápis caiu.

Chegaram **os** livros.

Um dia irei à Europa.

Ganhei **uns** cadernos.

Portanto, os substantivos lápis, livros, dia e cadernos são masculinos.

Feminino – quando usamos antes do substantivo os artigos: a/as, uma/umas.

A borracha é minha.

Trouxeram **as** redações?

Uma garota ligou para você hoje.

Preciso de **umas** folhas em branco para o trabalho.

Portanto, os substantivos borracha, redações, garota e folhas são femininos.

Casos especiais de gênero

1. **Comum de dois**: sabe-se o gênero pela mudança do artigo.

    o estudante/**a** estudante   **o** repórter/**a** repórter

    o chefe/**a** chefe   **o** fã/**a** fã

    o jovem/**a** jovem

2. **Sobrecomum**: mesma palavra para o feminino e o masculino.

    a criança (mulher ou homem)   o boia-fria (mulher ou homem)
    a vítima   o gênio
    a testemunha   o ídolo

3. **Epiceno**: usam-se as palavras macho e fêmea para saber o sexo do animal.

    a barata macho/a barata fêmea   o canguru macho/o canguru fêmea
    a cobra macho/a cobra fêmea   o gavião macho/o gavião fêmea
    a coruja macho/a coruja fêmea   o tigre macho/o tigre fêmea

Formação do feminino

Normalmente, forma-se o feminino trocando o **o** pelo **a**.

alun**o**/alun**a**, búfal**o**/búfal**a**, carteir**o**/carteir**a**, lob**o**/lob**a**, prefeit**o**/prefeit**a**

Outras terminações para o feminino

-e → -a

parent**e**/parent**a**, comediant**e**/comediant**a**, elefant**e**/elefant**a**, president**e**/president**a**

-or → -ora / -triz

dout**or**/dout**ora**, past**or**/past**ora**, profess**or**/profess**ora**, pint**or**/pint**ora** embaixad**or**/embaixa**triz**, at**or**/a**triz**, imperad**or**/impera**triz**

-ão →-ã / -ona /-oa

an**ão**/an**ã**, cidad**ão**/cidad**ã**, campe**ão**/campe**ã**, órf**ão**/órf**ã**, foli**ão**/foli**ona**, solteir**ão**/solteir**ona**, sabich**ão**/sabich**ona**, glut**ão**/glut**ona** le**ão**/le**oa**, pav**ão**/pav**oa**/ patr**ão**/patr**oa**, leit**ão**/leit**oa**

-e / -es → -esa

campon**ês**/campon**esa**, marqu**ês**/marqu**esa** príncip**e**/princ**esa**, duqu**e**/duqu**esa**

-a / -e → -isa

poet**a**/poet**isa**, profet**a**/profet**isa**, sacerdot**e**/sacerdot**isa**

-eu → -eia

at**eu**/at**eia**, pleb**eu**/pleb**eia**, pigm**eu**/pigm**eia**

Mudam completamente do masculino para o feminino

pai/mãe	genro/nora
padrinho/madrinha	padre/madre
cavalo/égua	frade/freira
cavalheiro/dama	marajá/marani
cavaleiro/amazona	rinoceronte/abada

Palavras só usadas no feminino

a alface	a dinamite	a musse
a cal	a ferrugem	a sentinela
a preá	a hélice	a mascote

Palavras só usadas no masculino

o açúcar	o champanhe	o milhar
o alpiste	o dó	o sósia
o espécime	o boia-fria	o guaraná

Palavras que mudam de sentido do masculino para o feminino

o banana – imbecil	a banana – fruto
o cabeça – o chefe	a cabeça – parte do corpo humano

o caixa – funcionário   a caixa – objeto
o capital – dinheiro   a capital – cidade
o grama – medida de massa   a grama – relva
o moral – ânimo   a moral – caráter
o rádio – aparelho   a rádio – emissora

II. Número

Apresenta duas formas: singular e plural.

Singular: indica um substantivo apenas,

amor, cadeira, arroz, cão, mulher, criança, pastel

Plural: indica mais de um substantivo.

amores, cadeiras, arrozes, cães, mulheres, crianças, pastéis

Formação do plural

Normalmente, acrescenta-se a letra s ao final da palavra.

blusa/blusa**s**, garoto/garoto**s**, ponte/ponte**s**, degrau/degrau**s**, chapéu/chapéu**s**

Outras terminações para o plural

-al / -el / -il (oxítona) / -ol / -ul → -is

canal/canais, laranjal/laranjais, sinal/sinais

papel/papéis, pastel/pastéis, anel/anéis

barril/barris, cantil/cantis, funil/funis

lençol/lençóis, álcool/álcoois, sol/sóis

azul/azuis, paul/pauis (pântano/pântanos)

> **Observação**
>
> Paroxítona terminada em **-il** forma o plural em **-eis**.
>
> projét**il**/projét**eis**, répt**il**/répt**eis**

Substantivos terminados em **-m** → **-ns**

jove**m**/jove**ns**, jardi**m**/jardi**ns**, bato**m**/bato**ns**, atu**m**/atu**ns**

Substantivos terminados em **-r**, **-s**, **-z** → **-es**

colhe**r**/colher**es**, dóla**r**/dólar**es**, amo**r**/amor**es**, mulhe**r**/mulher**es**
á**s**/as**es**, mê**s**/mes**es**, gá**s**/gas**es**, adeu**s**/adeus**es**
rapa**z**/rapaz**es**, rai**z**/raíz**es**, gravide**z**/gravidez**es**, arro**z**/arroz**es**

> **Observação**
>
> Paroxítona ou proparoxítona terminada em **-s** não varia.
>
> o ônib**us**/os ônib**us**, o pire**s**/os pire**s**, o têni**s**/os têni**s**, o víru**s**/os víru**s**

Substantivos terminados em **-ão** → **-s / -ões / -ães**

m**ão**/m**ão**s, cidad**ão**/cidad**ão**s, gr**ão**/gr**ão**s, crist**ão**/crist**ão**s

lim**ão**/lim**ões**, anfitri**ão**/anfitri**ões**, canh**ão**/canh**ões**, cora**ção**/cora**ções**

p**ão**/p**ães**, c**ão**/c**ães**, capit**ão**/capit**ães**, tabeli**ão**/tabeli**ães**

> **Observação**
>
> Substantivos em **-ão** que admitem mais de uma forma para o plural.
>
> alde**ão** – alde**ão**s/alde**ões**/alde**ães**   cirurgi**ão** – cirurgi**ões**/cirurgi**ães**
>
> anci**ão** – anci**ão**s/anci**ões**/anci**ães**   corrim**ão** – corrim**ão**s/corrim**ões**
>
> vil**ão** – vil**ão**s/vil**ões**/vil**ães**   pe**ão** – pe**ões**/pe**ães**
>
> vulc**ão** – vulc**ão**s/vulc**ões**/vulc**ães**   refr**ão** – refr**ão**s/refr**ães**
>
> charlat**ão** – charlat**ões**/charlat**ães**   ver**ão** – ver**ão**s/ver**ões**

Plural dos substantivos compostos

1. As duas palavras irão para o plural.

- substantivo + substantivo

    redator-chefe/redator**es**-chefe**s**, couve-flor/couve**s**-flor**es**

- substantivo + adjetivo

    amor-perfeito/amores-perfeitos, cachorro-quente/cachorros-quentes

- adjetivo + substantivo

    puro-sangue/puros-sangues, pequeno-burguês/pequenos-burgueses

- numeral + substantivo

    quinta-feira/quintas-feiras, primeiro-ministro/primeiros-ministros

2. Apenas a primeira palavra irá para o plural.

- substantivo + preposição + substantivo

    pé de moleque/pés de moleque, sinal da cruz/sinais da cruz

- a segunda palavra especifica a primeira

    laranja-lima/laranja**s**-lima, banana-maçã/banana**s**-maçã

> **Observação**
>
> A tendência moderna é pluralizar os dois elementos: laranja**s**-lima**s**, banana**s**-maçã**s**

3. Palavras invariáveis → apenas a última palavra irá para o plural.
   beija-flor/beija-flor**es** (verbo + substantivo)
   alto-falante/alto-falante**s** (advérbio + adjetivo)
   contra-ataque/contra-ataque**s** (prefixo + substantivo)
   super-herói/super-heróis (prefixo + substantivo)

4. Diminutivo plural → faz-se o plural da palavra primitiva, colocando-se o s no final.
   animalzinho – anima**i**zinho**s** (anima**i(s)** + -zinho → **s** no final)
   florzinha – flor**e**zinha**s** (flor**e(s)** + -zinha → **s** no final)
   limãozinho – lim**õe**zinho**s** (lim**õe(s)** + -zinho → **s** no final)

Palavras só usadas no plural

as algemas	os arredores	os Estados Unidos	as olheiras
os Alpes	as bodas	as núpcias	os parabéns
os Andes	as condolências	os óculos	os pêsames

III. Grau

São dois: aumentativo e diminutivo.

Aumentativo: normalmente formado pelo acréscimo das terminações **-ão**, **-ona**.

   amigo – amig**ão**   carro – carr**ão**   pedra – pedr**ona**
   gato – gat**ão**   mulher – mulher**ona**   casa – cas**ona**

> **Observação**
>
> Também forma-se o grau aumentativo com o auxílio das palavras **grande**, **enorme**, **imenso** etc.
>
> casa – casa imensa
>
> pé – pé grande
>
> piscina – piscina enorme

Aumentativos com outras terminações

   boca – boc**arra**   faca – fac**alhão**   navio – navi**arra**
   cabeça – cabeç**orra**   forno – forn**alha**   prato – prat**arraz**
   copo – cop**ázio**   homem – homenz**arrão**   rico – ric**aço**
   cão – canz**arrão**   mão – manz**orra**   voz – voz**eirão**
   corpo – corp**anzil**   nariz – narig**ão**

Diminutivo: normalmente, é formado pelo acréscimo das terminações **-inho**, **-zinho** etc. livro –
   livr**inho**   pedra – pedr**inha**   homem – homen**zinho**
   casa – cas**inha**   pé – pe**zinho**   flor – flor**zinha**

> **Observação**
>
> Também se forma o grau diminutivo com o auxílio das palavras **pequeno**, **minúsculo**, **insignificante**.
>
> nariz – nariz pequeno
>
> lápis – lápis minúsculo
>
> prejuízo – prejuízo insignificante

Diminutivos com outras terminações

árvore – arvor**eta**	folha – fol**ícula**	parte – part**ícula**
beijo – beij**ote**	gota – got**ícula**	pele – pel**ícula**
caminhão – caminhon**ete**	ilha – ilh**ota**	questão – questiún**cula**
casa – cas**ebre**	nó – nód**ulo**	rio – ri**acho**
corpo – corpús**culo**	ovo – óv**ulo**	rua – ru**ela**
estátua – estatu**eta**		

> **Observação**
>
> Às vezes o aumentativo e o diminutivo não exprimem o tamanho dos seres, mas **carinho** ou **desprezo**.
>
> Carinho: pai – paizão / amigo – amigão
>
> amor – amorzinho / filho – filhinho
>
> Desprezo: gente – gentalha / dente – dentuça
>
> livro – livreco / lugar – lugarejo

II. ARTIGO

Definidos: o, a, os, as   **Indefinidos**: um, uma, uns, umas

Artigo definido

- **A** moça aceitou os elogios com muita satisfação.
- **O** contrato de trabalho deixou-o muito ansioso.
- Ninguém conseguiu entender **as** explicações da professora.

Artigo indefinido

- Gostaria de ver **uma** dança típica do sul.
- O jogador encontrou **um** jeitinho de fazer o gol.
- Todo mundo gosta de comprar **uns** presentes no natal.

III. ADJETIVO

Adjetivos pátrios

Indicam nacionalidade, naturalidade, origem.

- Quem nasce em Salvador é **soteropolitano**.
- O natural do Rio Grande do Norte é **potiguar**.
- Quem nasce na Etiópia é **etíope**.

Alguns adjetivos pátrios

Afeganistão – afegão ou afegane

Bélgica – belga

Brasil – brasileiro

Buenos Aires – portenho ou bonairense

Ceará – cearense

Espírito Santo – capixaba ou espírito-santense

Estados Unidos – americano ou estadunidense ou ianque

França – francês

Goiânia – goianiense

Holanda – holandês

João Pessoa – pessoense

Madri – madrilenho ou madrilense

Manaus – manauense

Rio de Janeiro – fluminense (estado) e carioca (cidade)

Rio Grande do Sul – gaúcho ou rio-grandense-do-sul ou rio-grandense

Santa Catarina – catarinense ou catarineta ou barriga-verde

São Paulo – paulista (estado) e paulistano (cidade)

Flexão dos adjetivos

Os adjetivos se flexionam em gênero, número e grau.

I. Gênero

Obedecem às mesmas regras do substantivo, quando adjetivos simples.
lind**o**/lind**a**, precios**o**/precios**a**, alt**o**/alt**a**, simpátic**o**/simpátic**a**, velh**o**/velh**a**
alem**ão**/alem**ã**, glut**ão**/glut**ona**, portugu**ês**/portugu**esa**, at**eu**/at**eia**, jud**eu**/jud**ia**

II. Número

Obedecem às mesmas regras do substantivo, quando adjetivos simples.
maravilhoso/maravilhoso**s**, pequeno/pequeno**s**, baixo/baixo**s**, novo/novo**s**,
bo**m**/bo**ns**, lilá**s**/lilas**es**, amáve**l**/amáv**eis**

Flexão dos adjetivos compostos

- Apenas o último se flexiona em gênero e número.

    cabelo castanho-claro/cabelos castanho-claros

    blusa amarelo-escura/blusas amarelo-escuras

Exceções: surdo-mudo/surdos-mudos

   surda-muda/surdas-mudas

   saia azul-marinho/saias azul-marinho

   blusa azul celeste/blusas azul celeste

> **Observação**
> Caso a última palavra seja um substantivo, fica invariável.
> saia vermelho-sangue/saias vermelho-sangue
> sapato verde-garrafa/sapatos verde-garrafa

III. Grau

São dois: comparativo e superlativo.

Comparativo

Igualdade: O sabonete é tão perfumado quanto o talco.

Superioridade: A água está mais quente que o refrigerante.

Inferioridade: Você ficou menos bronzeado que seu irmão.

> **Observação**
> Comparativos irregulares:
> "mais grande" → **maior**   "mais pequeno" → **menor**
> "mais bom" → **melhor**   "mais mau" → **pior**

Superlativo

1. Absoluto

- sintético: **-íssimo / -ílimo / -érrimo**

    Seu pai é inteligent**íssimo**.

    O exercício é fac**ílimo**.

    Você está mac**érrima**.

- analítico: **muito / extremamente / bastante**

    Seu pai é **muito** inteligente.

    O exercício é **extremamente** fácil.

    Você está **bastante** magra.

2. Relativo
    - superioridade (**o/a mais**): Ele é **o mais** simpático da turma.
    - inferioridade (**o/a menos**): Você é **o menos** jovem da sala.

Alguns adjetivos superlativos absolutos sintéticos

ágil – agílimo	fácil – facílimo
agradável – agradabilíssimo	feliz – felicíssimo
amargo – amarguíssimo, amaríssimo	feroz – ferocíssimo
amável – amabilíssimo	fiel – fidelíssimo, fielíssimo
amigo – amicíssimo, amiguíssimo	frágil – fragílimo, fragilíssimo
antigo – antiguíssimo, antiquíssimo	frio – frigidíssimo, friíssimo
áspero – aspérrimo, asperíssimo	grande – grandíssimo, máximo
bom – boníssimo, ótimo	hábil – habilíssimo
célebre – celebérrimo, celebríssimo	horrível – horribilíssimo
confortável – confortabilíssimo	inimigo – inimicíssimo
cruel – crudelíssimo, cruelíssimo	magro – magríssimo, macérrimo, magérrimo
difícil – dificílimo	mau – malíssimo, péssimo
digno – digníssimo	mísero – misérrimo
doce – dulcíssimo	miserável – miserabilíssimo
negro – nigérrimo	sábio – sapientíssimo
notável – notabilíssimo	sagrado – sacratíssimo
pequeno – pequeníssimo, mínimo	sensível – sensibilíssimo
pobre – paupérrimo, pobríssimo	simples – simplicíssimo
popular – popularíssimo	terrível – terribilíssimo
provável – probabilíssimo	veloz – velocíssimo

IV. PRONOME

Pronome adjetivo: acompanha o nome.

Meu carro　　　　**Aquela** bicicleta　　　　**Alguns** vasos

Pronome substantivo: substitui o nome.

Isto é **meu**.   **Elas** já chegaram.   **Tudo** acabou bem.

Classificação dos pronomes

Há vários tipos de pronomes.

Pronomes pessoais

CASO RETO	CASO OBLÍQUO
1ª pes. sing. eu	1ª pes. sing. me, mim, comigo
2ª pes. sing. tu	2ª pes. sing. te, ti, contigo
3ª pes. sing. ele/ela	3ª pes. sing. se, si, consigo, o, a, lhe
1ª pes. plural nós	1ª pes. plural nos, conosco
2ª pes. plural vós	2ª pes. plural vos, convosco
3ª pes. plural eles/elas	3ª pes. plural se, si, consigo, os, as, lhes

Pronomes de tratamento

EMPREGO	PRONOME	ABREVIATURA
reis e imperadores	Vossa Majestade	V. M. (plural: VV. MM.)
príncipe	Vossa Alteza	V. A. (plural: VV. AA.)
papa	Vossa Santidade	V. S.
cardeais	Vossa Eminência	V. Emª. (plural: VV. Emas.)
altas autoridades: ministros, prefeitos, governadores...	Vossa Excelência	V. Exª. (plural: V. Exas.)
autoridades menores e pessoas de respeito	Vossa Senhoria	V. Sª. (plural: V. Sas.)
juiz	Meritíssimo	MM. ou Mmo.
sacerdotes e religiosos em geral	Reverendíssimo	Revmo. (plural: Revmos.)
tratamento de respeito para as pessoas em geral	senhor senhora/senhorita	sr. (plural: srs.) srª. (plural: sras.)/srta. (plural:srtas.)
pessoas com quem temos mais proximidade/familiaridade	você	v.

Pronomes possessivos

1ª pes. sing.: meu, minha, meus, minhas	1ª pes. plural: nosso, nossa, nossos, nossas
2ª pes. sing.: teu, tua, teus, tuas	2ª pes. plural: vosso, vossa, vossos, vossas
3ª pes. sing.: seu, sua	3ª pes. plural: seus, suas

Pronomes demonstrativos

este, esta, estes, estas, isto
esse, essa, esses, essas, isso
aquele, aquela, aqueles, aquelas, aquilo

Pronomes indefinidos

algum, alguma, alguns, algumas, alguém
nenhum, nenhuma, nenhuns, nenhumas, ninguém
todo, toda, todos, todas, tudo
outro, outra, outros, outras, outrem
muito, muita, muitos, muitas, nada
pouco, pouca, poucos, poucas, algo
certo, certa, certos, certas, cada

V. VERBO

Modelo de conjugação dos verbos regulares e do verbo pôr

1ª conjugação: louv-**ar**

2ª conjugação: vend-**er**

3ª conjugação: part-**ir**l.

I. Indicativo

Presente

Eu louv-o	vend-o	part-o	p-onho
Tu louv-as	vend-es	part-es	p-ões
Ele louv-a	vend-e	part-e	p-õe
Nós louv-amos	vend-emos	part-imos	p-omos
Vós louv-ais	vend-eis	part-is	p-ondes
Eles louv-am	vend-em	part-em	p-õem

Pretérito imperfeito

Eu louv-ava	vend-ia	part-ia	p-unha
Tu louv-avas	vend-ias	part-ias	p-unhas
Ele louv-ava	vend-ia	part-ia	p-unha
Nós louv-ávamos	vend-íamos	part-íamos	p-únhamos
Vós louv-áveis	vend-íeis	part-íeis	p-únheis
Eles louv-avam	vend-iam	part-iam	p-unham

Pretérito perfeito

Eu louv-ei	vend-i	part-i	p-us
Tu louv-aste	vend-este	part-iste	p-useste
Ele louv-ou	vend-eu	part-iu	p-ôs
Nós louv-amos	vend-emos	part-imos	p-usemos
Vós louv-astes	vend-estes	part-istes	p-usestes
Eles louv-aram	vend-eram	part-iram	p-useram

Pretérito mais-que-perfeito

Eu louv-ara	vend-era	part-ira	p-usera
Tu louv-aras	vend-eras	part-iras	p-useras
Ele louv-ara	vend-era	part-ira	p-usera
Nós louv-áramos	vend-êramos	part-íramos	p-uséramos
Vós louv-áreis	vend-êreis	part-íreis	p-uséreis
Eles louv-aram	vend-eram	part-iram	p-useram

Futuro do presente

Eu louv-arei	vend-erei	part-irei	p-orei
Tu louv-arás	vend-erás	part-irás	p-orás
Ele louv-ará	vend-erá	part-irá	p-orá
Nós louv-aremos	vend-eremos	part-iremos	p-oremos
Vós louv-areis	vend-ereis	part-ireis	p-oreis
Eles louv-arão	vend-erão	part-irão	p-orão

Futuro do pretérito

Eu louv-aria	vend-eria	part-iria	p-oria
Tu louv-arias	vend-erias	part-irias	p-orias
Ele louv-aria	vend-eria	part-iria	p-oria
Nós louv-aríamos	vend-eríamos	part-iríamos	p-oríamos
Vós louv-aríeis	vend-eríeis	part-iríeis	p-oríeis
Eles louv-ariam	vend-eriam	part-iriam	p-oriam

II. Subjuntivo

Presente
Que...

Eu louv-e	vend-a	part-a	p-onha
Tu louv-es	vend-as	part-as	p-onhas
Ele louv-e	vend-a	part-a	p-onha
Nós louv-emos	vend-amos	part-amos	p-onhamos
Vós louv-eis	vend-ais	part-ais	p-onhais
Eles louv-em	vend-am	part-am	p-onham

Pretérito imperfeito
Se...

Eu louv-asse	vend-esse	part-isse	p-usesse
Tu louv-asses	vend-esses	part-isses	p-usesses
Ele louv-asse	vend-esse	part-isse	p-usesse
Nós louv-ássemos	vend-êssemos	part-íssemos	p-uséssemos
Vós louv-ásseis	vend-êsseis	part-ísseis	p-usésseis
Eles louv-assem	vend-essem	part-issem	p-usessem

Futuro
Quando...

Eu louv-ar	vend-er	part-ir	p-user
Tu louv-ares	vend-eres	part-ires	p-useres
Ele louv-ar	vend-er	part-ir	p-user
Nós louv-armos	vend-ermos	part-irmos	p-usermos
Vós louv-ardes	vend-erdes	part-irdes	p-userdes
Eles louv-arem	vend-erem	part-irem	p-userem

III. Imperativo

Afirmativo	Negativo
Louva tu	Não louves tu
Louve você	Não louve você
Louvemos nós	Não louvemos nós
Louvai vós	Não louveis vós
Louvem vocês	Não louvem vocês

Afirmativo	Negativo
Vende tu	Não venda tu
Venda você	Não venda você
Vendamos nós	Não vendamos nós
Vendei vós	Não vendais vós
Vendam vocês	Não vendam vocês

Afirmativo	Negativo
Parte tu	Não parte tu
Parta você	Não parta você
Partamos nós	Não partamos nós

VI. NUMERAL

Arábicos	Romanos	Cardinais	Ordinais
1	I	um	primeiro
2	II	dois	segundo
3	III	três	terceiro
4	IV	quatro	quarto
5	V	cinco	quinto
6	VI	seis	sexto
7	VII	sete	sétimo
8	VIII	oito	oitavo
9	IX	nove	nono
10	X	dez	décimo
11	XI	onze	décimo primeiro ou undécimo
12	XII	doze	décimo segundo ou duodécimo
13	XIII	treze	décimo terceiro

14	XIV	catorze (ou quatorze)	décimo quarto
15	XV	quinze	décimo quinto
16	XVI	dezesseis	décimo sexto
17	XVII	dezessete	décimo sétimo
18	XVIII	dezoito	décimo oitavo
19	XIX	dezenove	décimo nono
20	XX	vinte	vigésimo
30	XXX	trinta	trigésimo
40	XL	quarenta	quadragésimo
50	L	cinquenta	quinquagésimo
60	LX	sessenta	sexagésimo
70	LXX	setenta	setuagésimo
80	LXXX	oitenta	octogésimo
90	XC	noventa	nonagésimo
100	C	cem	centésimo
200	CC	duzentos	ducentésimo
300	CCC	trezentos	trecentésimo
400	CD	quatrocentos	quadringentésimo
500	D	quinhentos	quingentésimo
600	DC	seiscentos	seiscentésimo (ou sexcentésimo)
700	DCC	setecentos	setingentésimo
800	DCCC	oitocentos	octingentésimo
900	CM	novecentos	noningentésimo (ou nongentésimo)
1000	M	mil	milésimo

VII. ADVÉRBIO

Principais advérbios e locuções adverbiais

1. de lugar: aqui, ali, lá, cá, além, dentro, fora, perto, longe, atrás, adiante, diante, acima, abaixo, onde, por fora, por trás etc.

2. de tempo: ontem, hoje, amanhã, logo, cedo, tarde, breve, nunca, jamais, sempre, agora, antes, depois, brevemente, presentemente, imediatamente, atualmente, à noite, às vezes, de repente, de vez em quando etc.

3. de modo: bem, mal, assim, melhor, pior, depressa, devagar, calmamente, duramente, bravamente, severamente, e quase todos os advérbios terminados em **-mente**, às pressas, à toa, às claras, às cegas, às escondidas etc.

4. de intensidade: muito, pouco, mais, menos, bastante, tão, demasiado, meio, completamente, ligeiramente, excessivamente, demais, quanto, demasiado, assaz etc.

5. **de afirmação**: sim, certamente, efetivamente, realmente, incontestavelmente, com certeza, sem dúvida etc.

6. **de negação**: não, tampouco, absolutamente, de modo algum etc.

7. **de dúvida**: talvez, provavelmente, porventura, acaso, decerto etc.

8. **interrogativos**: onde, aonde, quando, quanto, por que etc.

> **Observações**
>
> 1. Na linguagem familiar, costumamos empregar alguns advérbios na forma diminutiva com valor de superlativo: cedinho, pertinho, agorinha, devagarinho etc.
>
> 2. Com frequência empregamos o adjetivo com valor de advérbio:
>
>   Você escreve **difícil**.
>
>   Ele fala **confuso**.

VIII. INTERJEIÇÃO

Classificação de algumas interjeições

1. **advertência**: Alerta!, Cuidado!, Atenção!
2. **agradecimento**: Obrigado!, Valeu!
3. **alegria**: Ah!, Oh!, Oba!, Viva!
4. **alívio:** Ufa!, Arre!
5. **ânimo**: Coragem!, Vamos!, Força!
6. **apelo/chamamento**: Alô!, Psiu!, Hei!, Ô!, Oi!
7. **desejo**: Oxalá!, Tomara!, Pudera! Queira Deus!
8. **dor**: Ai!, Ui!, Ah!
9. **espanto/admiração**: Puxa!, Caramba!, Xi!, Nossa!, Quê!
10. **medo**: Ui!, Credo!, Cruzes!
11. **reprovação**: Francamente!, Bah!, Ora!, Só faltava essa!
12. **saudação**: Salve!, Olá!, Adeus!

X. ACENTUAÇÃO GRÁFICA

Acentuam-se

1. **Monossílabos** tônicos terminados em:

   a(s): já, vá, lá, pás, más

   e(s): dê, fé, lê, vês, és

   o(s): dó, nó, pó, nós, vós

2. **Oxítonas** terminadas em:

   a(s): está, Paraná, Ceará, guaranás, sofás

   e(s): até, José, dendê, cafés, vocês

   o(s): cipó, jiló, Maceió, compôs, após

   em(ns): alguém, porém, ninguém, vinténs, parabéns

3. **Paroxítonas** terminadas em:

   l: ágil, amável, cônsul, sensível, fácil

   n: próton, elétron, Nélson, Gérson, hífen

   r: hambúrguer, repórter, mártir, caráter, cadáver

   x: ônix, tórax, Félix, fênix, látex

   i(s): júri, lápis, táxi, tênis

   us: vírus, Vênus, bônus

   um(uns): álbum, médium

   ã(s)/ão(s): órfã, ímãs, órgão, órfãos

   ditongo crescente: várias, colégio, água, sério, mágoa

   ps: bíceps, tríceps, fórceps

4. **Proparoxítonas** → todas.

   épocas, única, matemática, química, pêssegos, príncipes, esplêndido, técnico

Outros casos de acentuação

Verbo ter e ver

SINGULAR	PLURAL
ele tem	eles têm
ele vem	eles vêm

Derivados dos verbos ter e vir

SINGULAR	PLURAL
ele contém	eles contêm
ele mantém	eles mantêm
ele obtém	eles obtêm
ele detém	eles detêm
ele retém	eles retêm
ele intervém	eles intervêm
ele sobrevém	eles sobrevêm
ele advém	eles advêm

Hiato

i(s): traída (tra-í-da), faísca (fa-ís-ca), raízes (ra-í-zes)

u(s): miúdo (mi-ú-do), ciúme (ci-ú-me), viúva (vi-ú-va)

> **Observações**
>
> As vogais **i/u apenas receberão** acento se estiverem sozinhas na sílaba ou seguidas de **s**.
>
> **Exceções**
>
> **1.** As vogais **i/u não** receberão acento quando seguidas de **nh**: rai**nh**a, moi**nh**o, bai**nh**a.
>
> **2.** As vogais **i/u não** receberão acento quando vierem depois de ditongos: f**ei**ura, b**ai**uca, boc**ai**uva, c**au**ila.

Acento diferencial

pôr (verbo) # por (preposição)

quê (substantivo, pronome em fim de frase) # que (conjunção, pronome)

porquê (substantivo) # porque (conjunção)

fôrma (recipiente, molde) # forma (formato, feitio)

pode (verbo poder no presente) # pôde (verbo poder no pretérito perfeito)

XI. PONTUAÇÃO

Ponto final (.)

Empregado para encerrar o período e nas abreviaturas.

Você é um grande amigo.
V.Sª. (Vossa Senhoria), pág. (página), av. (avenida)

Ponto e vírgula (;)

- Separa orações de um período longo, em que já existam vírgulas.

Os organizadores do evento, munidos da identificação, entrarão pelo portão A; os menores, acompanhados dos pais, entrarão pelo portão B; o público, pelo C, e as autoridades por qualquer deles.

- Separa os itens de enunciados, leis, decretos, considerandos, regulamentos.

Por este regulamento, é dever da diretoria: a) zelar pelo bom nome da entidade;

b) promover, principalmente por campanhas e festas, a ampliação do quadro de sócios;

c) convocar periodicamente os encarregados de cada setor para reuniões.

Dois-pontos

Enumerações, nas exemplificações, antes da citação da fala ou da declaração de outra pessoa, antes das orações apositivas.

Tinha tudo: amor, amigos, casa, dinheiro, emprego.
Virou-se repentinamente e disse-lhe: – Quer sair comigo?
Desejo-lhe apenas isto: que seja feliz.

Vírgula

- Para separar elementos de uma enumeração.
  Vendeu tudo que tinha: casa, carro, joias, ações.

- Para separar vocativos e apostos.
  Pessoal, atenção!
  Paulo, o engenheiro, viajou.

- Para separar orações intercaladas.
  A felicidade, dizia um amigo meu, é uma conquista de cada um.

- Para separar adjuntos adverbiais no início ou meio da frase.
  Carinhosamente, o filho abraçou os pais.
  Carlos, amanhã, fará uma prova difícil.

- Para indicar elipse do verbo, isto é, supressão de um verbo subentendido.
  Adoro teatro; Alberto, cinema.

- Para separar expressões explicativas.
  Gastaram tudo o que tinham, ou melhor, quase tudo.

- Nas datas, separando o nome do lugar.
  São Paulo, 10 de fevereiro de 2006.

Ponto de interrogação

Indica pergunta direta. Se associado ao ponto de exclamação, indica uma pergunta admirada.
Quando você viaja?
Essa casa velha custa mais de cem mil reais?!

Ponto de exclamação

Indica surpresa, espanto, admiração, dó, ordem.
Quanta gente!
Oh! que pena que não irá conosco!
Desça daí!

Reticências

Indica interrupção do pensamento, dúvida.
Que dia você nasceu? Deixe-me ver... é dia cinco... não... sete de março.
Eu... gostaria de... lhe... pedir... um... favor...

Parênteses

Para intercalar palavras e expressões de explicação ou comentário.

Escreveu muitos artigos **(mais de cem)** para uma revista científica.

Travessão

Para indicar mudança de interlocutor nos diálogos, para isolar palavras ou frases e para destacar uma parte de um enunciado.

Essas cestas básicas são para os assistidos na campanha – explicou.

Foi uma grande liquidação – disse a sogra.

– Quem telefonou para mim, mãe?

– Até agora, ninguém.

> **Observação**
> O travessão pode, às vezes, substituir a vírgula ou os parênteses.
> Muitos livros da biblioteca – inclusive uma enciclopédia – não foram devolvidos.

Aspas

Destacam palavras ou expressões, palavras estrangeiras ou gírias, artigos de jornais ou revistas, títulos de poemas.

Você já leu o poema "Soneto da fidelidade", de Vinícius de Morais?

Assistiremos ao "show" dos Titãs.

O filme foi "o maior barato".

Antes e depois de citação de frases de outros.

O bom livro, já dizia o padre Vieira, "é um mudo que fala, é um cego que guia".

Glossário

A la pucha!: interjeição que significa "caramba!".

Aterraram: apavoraram, aterrorizaram.

Às diversas: realmente.

Ázimo: sem fermento; pão ázimo é um pão achatado que os judeus comem na ocasião da Páscoa judaica.

Bilros: peças de madeira ou de metal para fazer rendas.

Bodoque: objeto para atirar pedras, estilingue, baladeira.

Boleadeira: objeto feito com tiras de couro e bolas, usado para laçar animais.

Bugio: macaco.

Corcoveios: pulos.

Dragões da independência: soldados da cavalaria.

Facho: no caso, pão de mil-réis.

Filosofanças: pensar em coisas que não valem a pena.

Gaio: alegre, esperto.

Ganhou a luz: adiantou-se.

Gentio: fruto da parreira brava, nativa das Guianas e do Brasil (do Amazonas ao Rio de Janeiro), conhecida também como uva seca.

Grimpante: que sobe, que escala.

Guasca: gaúcho.

Hortelão: indivíduo que cuida de horta.

Indiada: grupo de gaúchos.

Matungo: cavalo velho.

Petiço: cavalo pequeno.

Piazinho: menino.

Obó: mata, floresta.

Premente: que aperta o coração, angustiante.

Repugnância: antipatia, rejeição.

Rilhando: rangendo.

Romance: história mais ou menos longa que conta fatos imaginários, ações e sentimentos de personagens.

Saloio: trigo branco e duro, da região Saloia, perto de Lisboa.

Saruga: sem mistura.

Soborralho: o calor das brasas.

Transvaliana: bomba de festa junina que explode ao se chocar com alguma coisa.

Ursina: uva vermelha, de sabor ácido, também chamada uva de urso.

Varsóvia: cidade da Polônia.

Zoncho: alavanca interior de uma bomba de mão.

Indicação de leituras complementares

Unidade 1

Capítulo 1

Em busca de mim. Isabel Vieira. São Paulo: FTD, 2001.

Espelho de artista. Kátia Canton. São Paulo: Cosac & Naif, 2004.

O menino no espelho. Fernando Sabino. Rio de Janeiro: Record, 2004.

Meu pé de laranja lima. José Mauro de Vasconcelos. São Paulo: Melhoramentos, 2004.

Meu avô japonês. Juliana de Faria. Ilustrações de Fabiana Shizue. Coleção Imigrantes do Brasil. São Paulo, Panda Books: 2009.

Meu avô africano. Carmem Lucia Campos. Ilustrações de Laurent Cardon. Coleção Imigrantes do Brasil. São Paulo, Panda Books: 2001.

Pesquisando sua própria história, as personagens de *Meu avô japonês* e *Meu avô africano* descobrem suas origens e ficam conhecendo melhor os costumes de seus antepassados. Começam então a valorizar sua cultura, despertando o interesse de seus amigos e colegas de escola. A coleção tem mais volumes, dedicados a outros povos que formaram o Brasil.

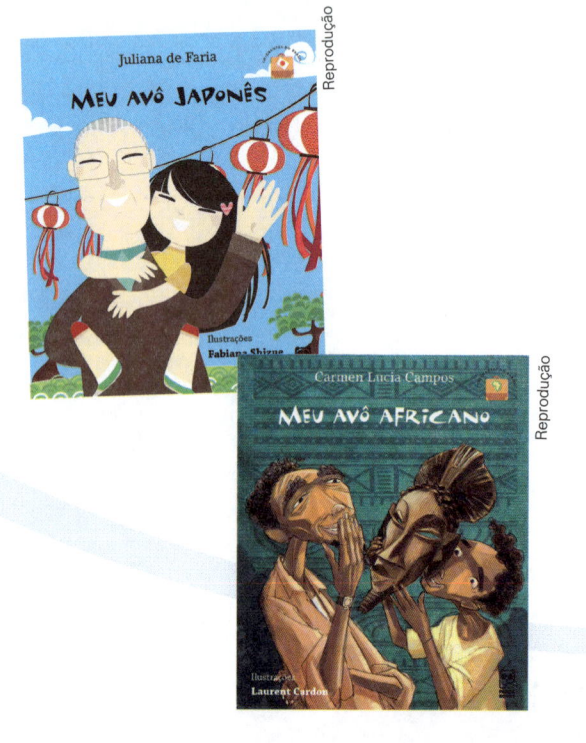

Capítulo 2

Classificados poéticos. Roseana Murray. São Paulo: Companhia Editora Nacional, 2005.

Nariz de vidro. Mário Quintana. São Paulo: Moderna, 1998.

Poesia fora da estante. Vera Aguiar, Simone Assumpção e Sissa Jacoby (org.). Ilustrações de Laura Castilhos. Porto Alegre: Projeto, 1998.

> Essa coletânea de poemas dirigida aos jovens apresenta obras de vários poetas de língua portuguesa, como Ferreira Gullar, Haroldo de Campos, Mário Quintana, Paulo Leminski, Tatiana Belinki. Como explicam as organizadoras do livro, "tudo pode ser motivo de poesia. Até uma porta. Mas é preciso que o poeta descubra em cada coisa um sentido novo. E a porta que nasce da poesia abre o mundo da imaginação para a gente".

Poesia virtual. Sérgio Capparelli e Ana Cláudia Gruszynski. São Paulo: Global, 2002.

Viva a poesia viva. Ulisses Tavares. São Paulo: Saraiva, 2007.

Unidade 2

Capítulo 1

A bolsa amarela. Lygia Bojunga. Rio de Janeiro: Casa Lygia Bojunga, 2003.

> Os livros de Lygia Bojunga já foram publicados em muitos países e continuam encantando os jovens de diversas partes do mundo. Nesse livro, a menina Raquel esconde em sua bolsa amarela três grandes vontades, que ela não costuma contar a ninguém: crescer, ser um garoto e se tornar escritora.

História cruzada. Sônia Rodrigues Mota. São Paulo: Companhia Editora Nacional, 2005.

A menina que descobriu o Brasil. Ilka Brunhilde Laurito. São Paulo: FTD, 2001.

Memórias de um aprendiz de escritor. Moacir Scliar. São Paulo: Companhia Editora Nacional, 2005.

Porã. Antonio Hohlfeldt. Porto Alegre: WS Editor, 2000.

Filme

Mentes perigosas. Direção: John N. Smith. EUA, 1995.

Capítulo 2

De repente dá certo. Ruth Rocha. Rio de Janeiro: Salamandra, 1997.

Pai que é mãe. Fanny Abramovich. Rio de Janeiro: Salamandra, 1993.

Pai sem terno e gravata. Cristina Agostinho. São Paulo: Moderna, 2003.

Papai não é perfeito. Sonia Salerno Forjaz. São Paulo: FTD, 2007.

A porta do meu coração. Telma Guimarães. São Paulo: Saraiva, 1999.

Pela estrada afora. Leo Cunha. São Paulo: Atual, 2004.

Retratos. Roseana Murray. São Paulo: Companhia Editora Nacional, 2005.

Unidade 3

Capítulo 1

As pilhas fracas do tempo. Leo Cunha. São Paulo: Atual, 2003.

Quase cachorro e quase menino. Carlos Queiroz Telles. São Paulo: Moderna, 2003.

Sem medo de amar. Stela Maris Rezende. São Paulo: Moderna, 1990.

A viagem de Memoh. Mario Prata. São Paulo: Quinteto, 1996.

Capítulo 2

O homem que não teimava. Bariani Ortêncio. São Paulo: Saraiva, 2005.

A lenda do violeiro invejoso. Fábio Sombra. São Paulo: Rocco, 2005.

Filme

A marvada carne. Direção: André Klotzel. Brasil, 1985.

A moça que dançou depois de morta. Direção: Ítalo Cajueiro. Brasil, 2003. Disponível em: http://www.portacurtas.org.br/

(Acesso em 5 abr. 2012).

Um autêntico causo contado em filme de curta metragem, *A moça que dançou depois de morta* se passa em uma cidade do interior do Brasil. Durante um baile de Carnaval, um rapaz se apaixona por uma moça misteriosa. Seria ela deste mundo? Baseado em uma história de cordel de J. Borges, famosos artista popular, que também produziu xilogravuras especialmente para o filme.

Unidade 4

Capítulo 1

Contos tradicionais do Brasil. Luís da Câmara Cascudo. São Paulo: Global, 2006.

Fábulas nuas e cruas. Rachel Gazzola. São Paulo: Parábola, 2005.

Histórias no escuro. Natalino Martins. São Paulo: Moderna, 1996.

Literatura oral para a infância e a juventude. Henriqueta Lisboa. São Paulo: Peirópolis, 2003.

Morandubetá. Heitor Luiz Murat. Belo Horizonte: Lê, 1998.

Capítulo 2

O alienista. Machado de Assis. Adaptação e ilustração de Lailson de Holanda Cavalcanti. São Paulo: Companhia Editora Nacional, 2008. (Coleção Quadrinhos Nacional.)

As melhores tiras do menino maluquinho. Ziraldo. Porto Alegre: L&PM, 1995.

Memórias de um sargento de milícias. Manuel Antônio de Almeida. Adaptação e ilustração de Lailson de Holanda Cavalcanti. São Paulo: Companhia Editora Nacional, 2008. (Coleção Quadrinhos Nacional.)

Suriá, a garota do circo. Laerte. São Paulo: Devir, 2000.

Toda Mafalda. Quino. São Paulo: Martins Fontes, 2003.

Triste fim de Policarpo Quaresma. Lima Barreto. Adaptação e ilustração de Lailson de Holanda Cavalcanti. São Paulo: Companhia Editora Nacional, 2008. (Coleção Quadrinhos Nacional.)

Sites

Portal Turma da Mônica: <www.monica.com.br>. Acesso em: set. 2008.

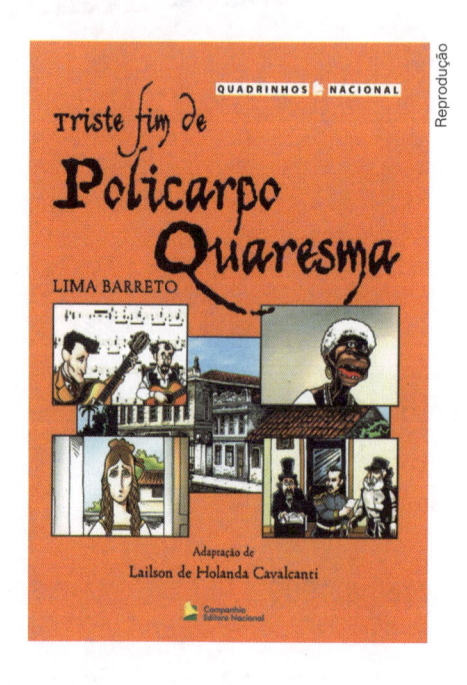

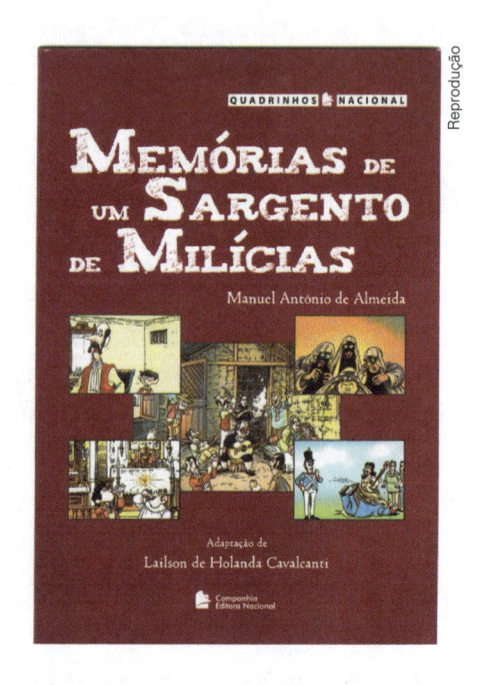